遺言と贈与はまだするな！

「信託」で
自分の死後三〇年間
財産を支配し続ける方法

弁護士
谷原　誠

万来舎

まえがき

相続対策に贈与はもう古いっ!?

二〇一五年一月から相続税法が改正され、相続税を課税される相続が増えることになりました。そのため、相続に関する本が多く刊行され、雑誌でも相続対策や贈与に関する特集が何度となく組まれました。大相続ブームといってもよいでしょう。

しかし、特例はあるにしても、原則として、贈与税がかからない贈与は、本書執筆時点で原則として年間一一〇万円です。これで、どれだけの節税ができるでしょうか。

また、不動産が唯一の資産の場合、不動産を贈与すると、後で不動産をもらえなかった他の相続人から「遺留分減殺請求」という請求を受けて、不動産を分割したり、売却したりしなければならなくなってしまうことがあります。遺言書で不動産を誰か一人に相続させても同じです。

会社を経営している方の場合には、株式をどのように相続させれば遺留分の問題を解決し、かつ、株式を分散させないようにすることができるのでしょうか。株式を分散させると経営のスピード感は失われ、場合によっては会社の支配権争いが勃発してしまいます。

相続でもめるのは、このように不動産を所有していたり、会社を経営しているような方の場合です。そのような方は、贈与や遺言書でなんとか上手に相続させられないか、と工夫をするでしょうが、だいたいうまくいきません。おそらく、弁護士に相談しても、「遺留分はどうしようもないのですよ」とアドバイスをされるのではないでしょうか。

本当にそうなのでしょうか。このような遺産争いを避けるよい方法はないのでしょうか。自分の死後も財産を支配し続け、家族が争わないようにする制度はないのでしょうか？

実は、それがあるのです。

あなたが死んだ後も、あなたの望むように資産運用がなされ、家族が争わないように資産や収益が分配される方法を作ることができるのです。それも自分の死後三〇年以上にわたってできるのです。信じられますか？　ですから、早まって贈与などしな

いようにしてください。

あなたの財産が原因となって、残された家族が争うのを防ぐのは、あなたの義務です。持てる者は、その分の責任を伴うのです。

たとえば、アメリカ合衆国大統領は、強大な権限を持つと同時に、アメリカを守る重大な責任を負担しています。同様に、会社の社長は会社内で一番の権限を持ちますが、同時に、会社と社員の生活を守る大きな責任を負担します。財産を持つ者は残された家族を守り、自分の財産を原因として決して争わせてはならない、という責任を負担するのです。

本書では、ストーリー形式で、相続対策に必要な基本的な法律知識と、自分が死んだ後も、自分の意思で財産を管理運用できるようにするための信託の知識や、相続の税務調査で税理士が頭を悩ませる名義預金解消法についても解説しています。しっかり勉強して、対策を立てていただければと思います。

では、始めましょう。

二〇一五年八月吉日

谷原　誠

▼次のような方は、ぜひ本書をお読みください。

・不動産を所有しており、どうやって相続させるか悩んでいる方

・会社を経営しており、株式や経営権をどう承継させるか悩んでいる方

・贈与や遺言書では、悩みを完全に解決することができない方

遺言と贈与はまだするな!

「信託」で自分の死後三〇年間財産を支配し続ける方法

もくじ

第二章　思いどおりの相続を信託で実現する

1 信託を理解するための基本知識

2 信託制度を使ってできること

第一章

法律を駆使すれば
こんな相続対策ができる

相続対策へのきっかけ

私は、東京都内で弁護士をしています。私の事務所は、弁護士が二四名おりますので、さまざまな相談や争い事が持ち込まれます。中小企業の顧問先も多いので、社長から相談を受けることもあります。その中には、苦労して築いた財産をどうやって家族に遺してゆくか、という内容や、相続、遺言書の作成、といった内容も多く含まれます。

これからお話しする事例は、フィクションではありますが、私が日常よく相談される内容に沿ったものです。

「社長、ご無沙汰しております。事業の方は、順調ですか？」

私と法律顧問契約を結んでいる中小企業の社長、前田英彦氏が「相談がある」ということで、久しぶりに東京都千代田区の大通り沿いに面したビルの中にある、私の法律事務所を訪ねてきました。前田氏が経営する前田金属工業株式会社は、東京都大田区にある従業員三〇名の中小企業ではありますが、精巧な金型を作ることができる高い技術を持っているため、メーカーからの評判がよく、順調に売上を伸ばしていました。

前田氏は、黒縁の眼鏡をかけ、中肉中背で、いつも作業服を着ています。指が油で少し黒くなっており、いかにも技術者といった感じです。

「先生、おかげさまで。今日おうかがいしたのは、他でもありません。私の相続に関することです。私も、今年でもう六五歳ですから、そろそろ遺言書を作っておこうかと思いまして」

「確かに。社長はすでにかなりの資産を築いていらっしゃるので、遺言書を作っておくのは望ましいことだと思います。残念なことですが、財産が多ければ多いほど、相続争いは起きやすいものなのです」

前田氏は、一代で前田金属工業を立ち上げ、小さいながらも利益率の高い業務を行っていたため、相当の財産を残していました。遺言書を作りたい、という希望だったため、財産の内容を確認すると、次のような財産を持っている、ということでした。

・現金預金＝一億八〇〇〇万円

図1

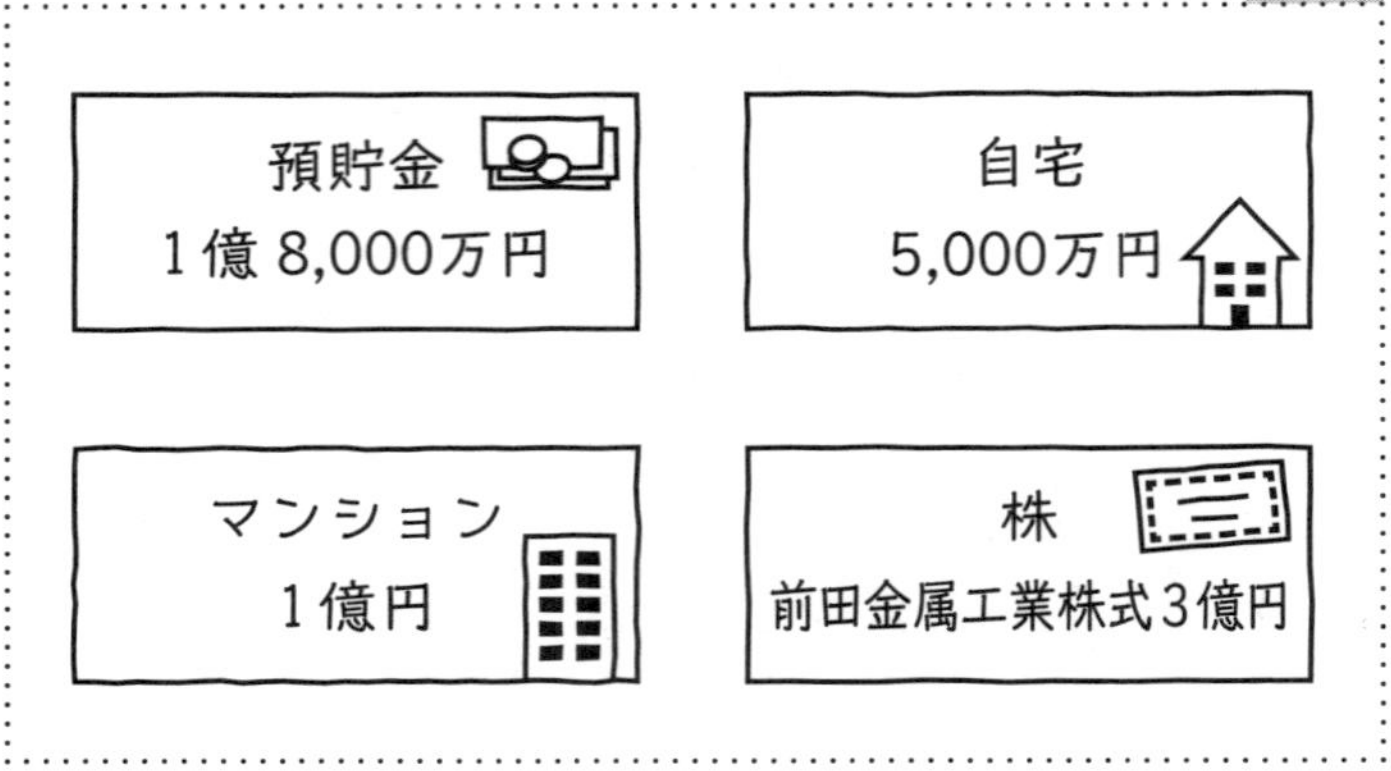

・自宅マンション＝評価額五〇〇〇万円
・収益不動産としてのマンション一棟＝評価額一億円
・前田金属工業の自社株一〇〇％＝評価額三億円【図1】

「それで社長、遺言書の内容ですが、誰に、どのように遺産を分けるおつもりでしょうか？」

前田氏の家族は、妻と長男、次男、長女の四人です。したがって、この四人が相続人になります。

ちなみに、**法律による法定相続分は、妻が二分の一、長男・次男・長女がそれぞれ六分の一ずつです**。法定相続分というのは、法律で決まっている相続割合のことです。前田氏が相続対策を何もせずに亡くなった場合には、その割合に基づいて遺産が分割される、ということです。

相続人とは?

ここで、法律上、誰が相続人になるのかについて、簡単に説明しておきましょう。

まず、配偶者（夫や妻）がいれば、配偶者は必ず相続人になります。そして、配偶者以外の相続人の順番は、①直系卑属（子や孫です）、②直系尊属（親や祖父母です）、③兄弟姉妹、となります。

この結果、配偶者と子がいれば、配偶者と子が相続人となって終わりです。親や兄弟などは、相続できません。

子供がいない場合には、配偶者と両親が相続人になります。この場合は、兄弟姉妹は相続人にはなれません。子供も両親もいなければ配偶者と兄弟姉妹が相続人になります。

これを図にすると、次のようになります【図2】。

図2

	配偶者がいる場合	配偶者がいない場合
第一順位	配偶者　子供	子供だけ
第二順位	配偶者　親	親だけ
第三順位	配偶者　兄弟姉妹	兄弟姉妹だけ

法定相続分とは？

相続人が決まったら、次は相続人の間で財産をどのような割合で相続するか、ということになります。この場合、**妻と子が相続人の場合には、妻が二分の一、子が全員で二分の一**となります。そして、**子が複数いる場合には、それぞれ等分の割合**になります。

前田氏の場合、妻と子供が三人ですから、妻が二分の一、子供全体で二分の一です。その二分の一を三人で分けることになりますので、長男・次男・長女がそれぞれ六分の一ずつになる、ということです。

そして、**妻と両親が相続人の場合には、妻が三分の二、両親が全員で三分の一の割合**になります。両

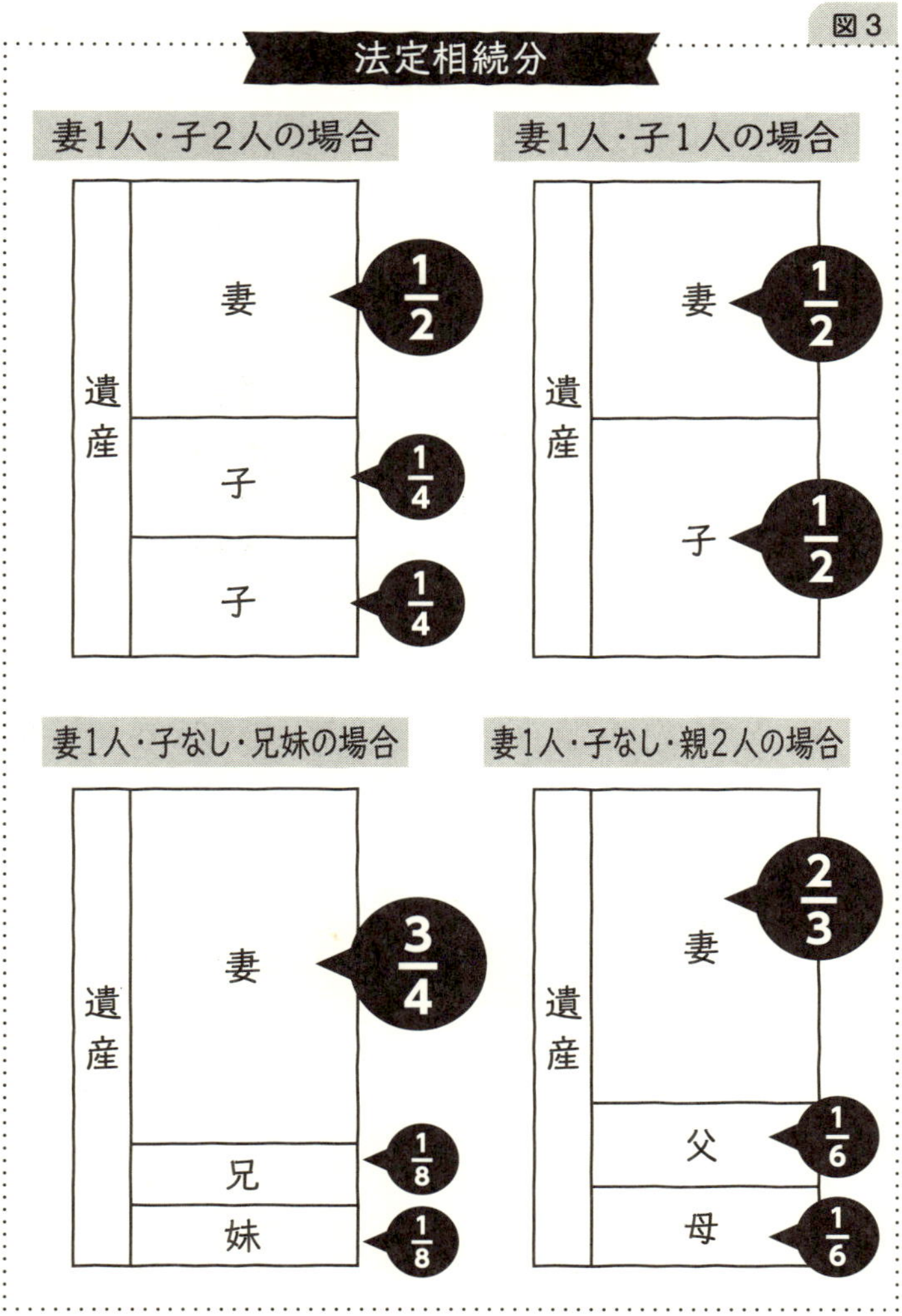
図3
法定相続分
妻1人・子2人の場合
遺産
妻 1/2
子 1/4
子 1/4
妻1人・子1人の場合
遺産
妻 1/2
子 1/2
妻1人・子なし・兄妹の場合
遺産
妻 3/4
兄 1/8
妹 1/8
妻1人・子なし・親2人の場合
遺産
妻 2/3
父 1/6
母 1/6

図4

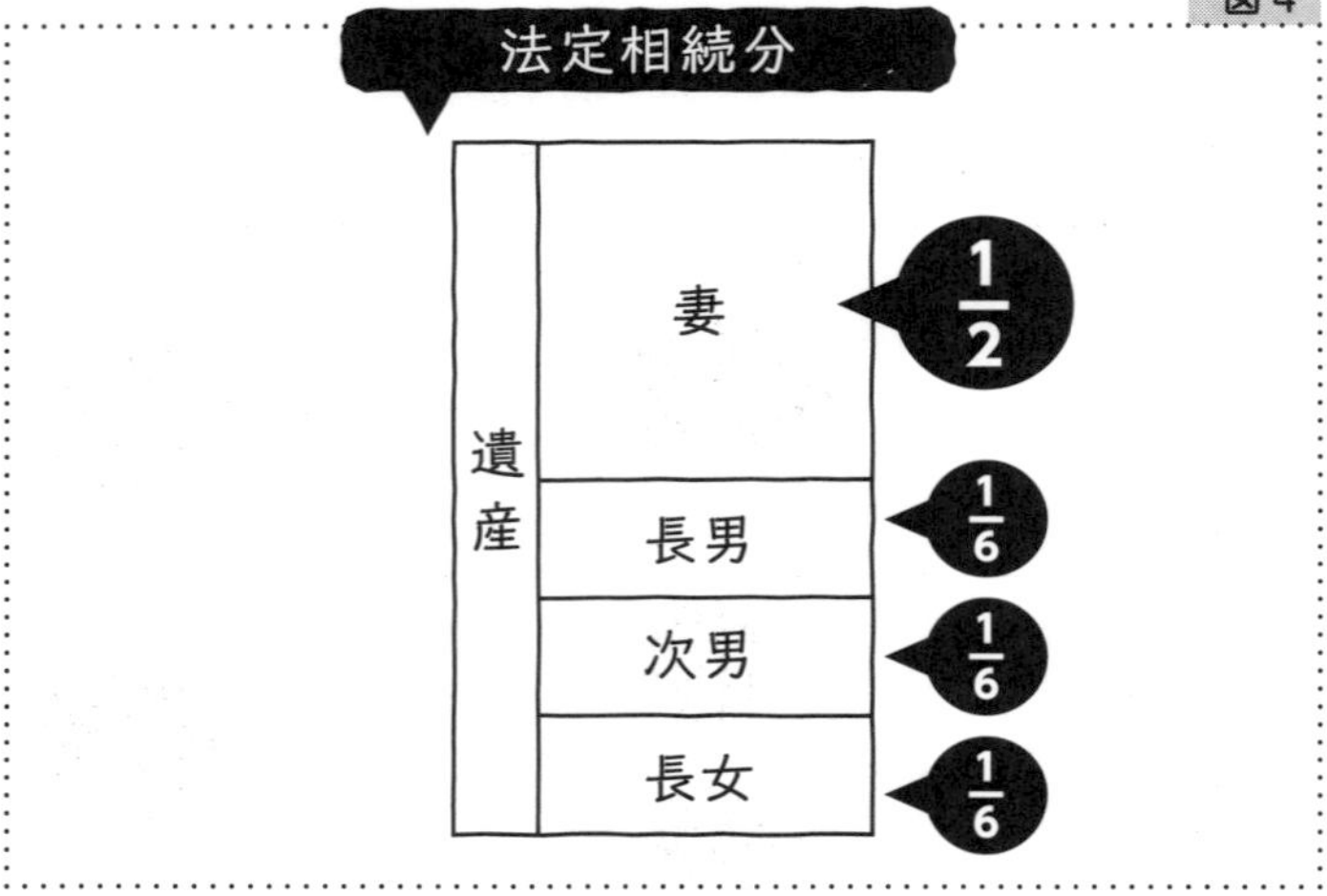

親が健在であれば、父親が六分の一、母親が六分の一です。**妻と兄弟姉妹が相続人の場合は、妻が四分の三、兄弟姉妹が全員で四分の一の割合**になります。

相続においては、妻の地位が大きい、ということですね。

ご自分の場合にあてはめて考えてみてください［図3］。

もちろん、遺言書を書くことで、法定相続分とは異なった割合で財産を分けることが可能となります。そこで、今回、前田氏は、遺産を自分の希望に従って分け与えたい、ということで、遺言書を書こうとしているのです［図4］。

代襲相続とは？

ここで、代襲相続についても確認しておきます。

代襲相続というのは、たとえば、自分が死ぬ前に子供がすでに死亡してしまっている場合には、その子供の子（孫）が子供の相続人としての地位を引き継いで相続人になる、という制度です。

たとえば、被相続人に配偶者と子二人がいて、その子のうち一人が先に他界していた場合には、その子の子（被相続人の孫）が代襲相続人として、相続人となります。

この場合、**代襲できるのは子供などの直系卑属だけで、配偶者などは代襲することができません。**その結果、被相続人の相続人は、妻と子、そして孫となるのです。法定相続分は、他界した子の相続分をそのまま引き継ぎますので、四分の一です。孫が二人いれば、八分の一ずつとなります。

注意点ですが、**代襲相続ができるのは、被相続人の直系卑属（子や孫）と兄弟姉妹だけ**で、配偶者や親などは代襲相続の対象にはなりません。

図5

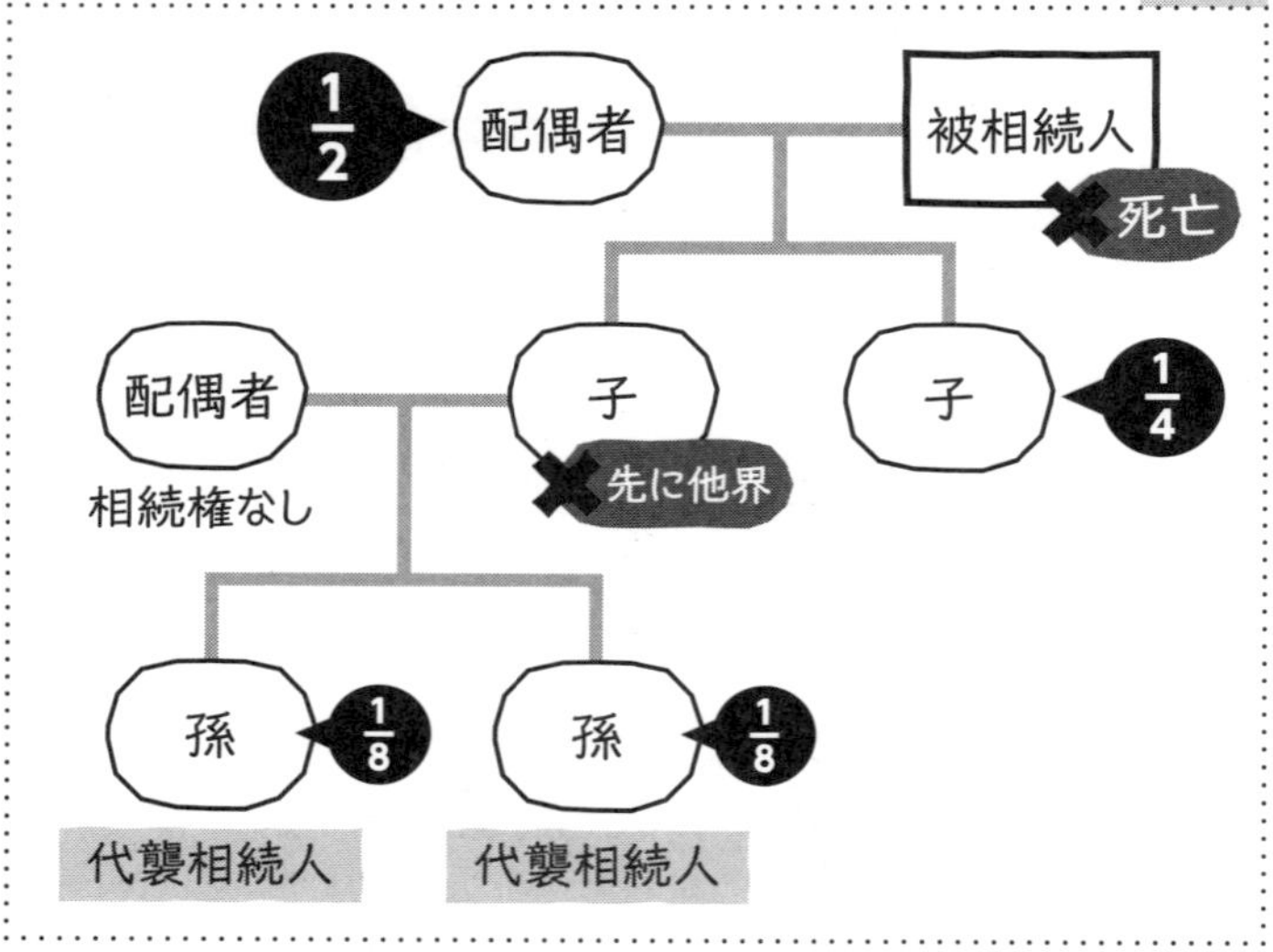

この［図5］の場合には、相続人は妻と子、そして孫二人が相続人となります。

また、［図6］の場合は、本来の相続人は妻と両親ですが、両親がすでに死亡しているので、相続人は配偶者と弟になります。しかし、弟もすでに死亡しているため、代襲相続が発生し、弟の子が相続人になります。したがって、相続人は、妻と弟の子ということになります。この場合の法定相続分は、弟の相続分です。配偶者と兄弟姉妹が相続人であった場合の法定相続分は、配偶者が四分の三、兄弟姉妹が四分の一です。した

図6

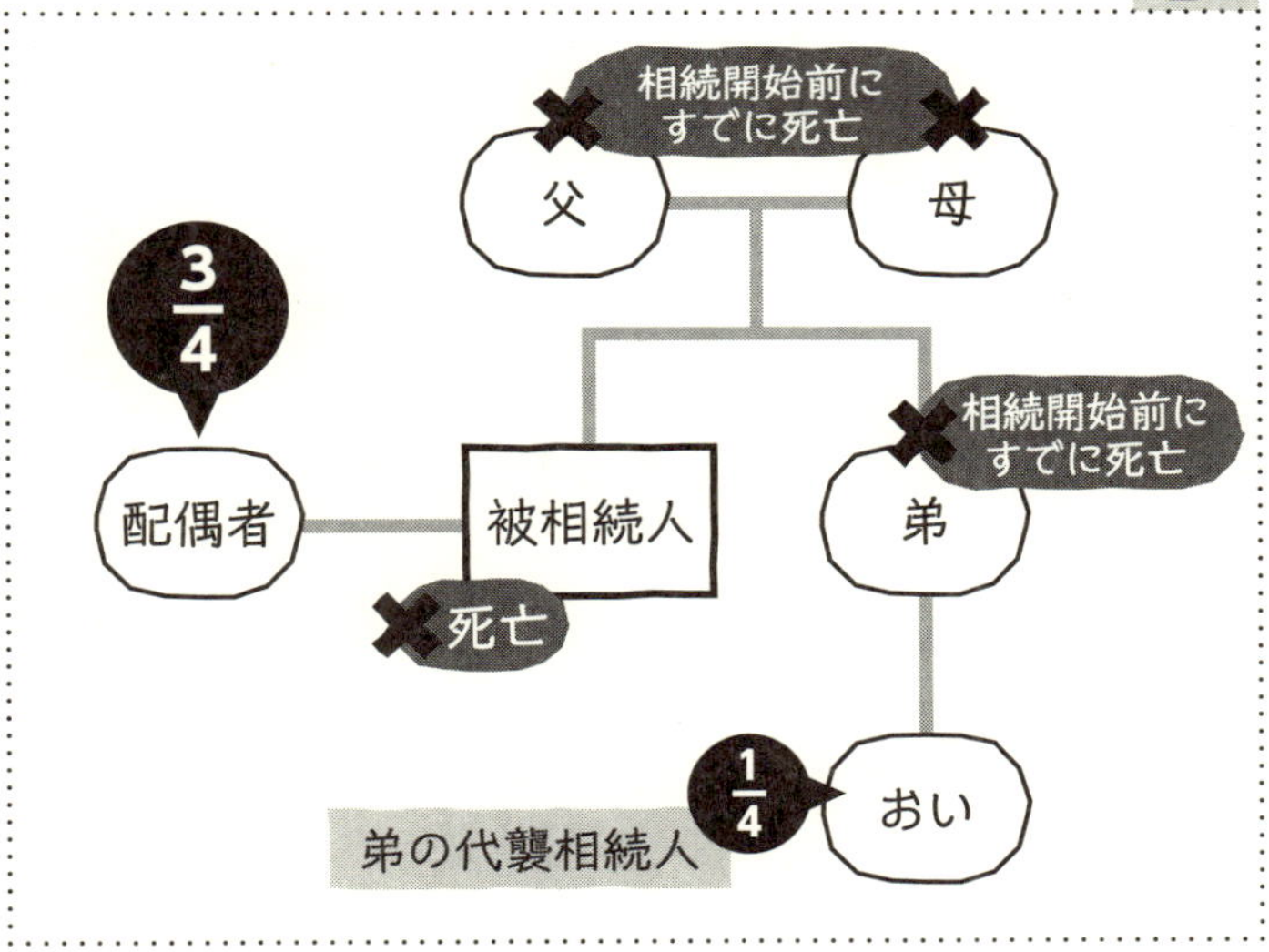

がって、弟の子の法定相続分は、四分の一ということになります。

自社株をどうするか

私がどのように相続させるつもりかを問うと、社長は一〇秒ほど沈黙し、どう話そうか思案しているようでしたが、いつもと違って元気のない声で話し始めました。

「私が心配しているのは、前田金属工業の自社株です。相続で株式がバラバラになってしまうと、会社の経営が傾いてしまう危険性がありますから。今、長男が私の右腕となって頑張ってくれていますが、長男と次男はあまり仲がよくないのです。次男が株式を持って妻や長女と結びついてしまうと、会社が次男のものになってしまう可能性があって、危ないのです」

前田氏の心配はもっともです。中小企業において、内紛は致命的です。社内の統制は乱れますし、取引銀行の信用も失ってしまいます。内紛を解決するために法廷闘争になってしまうと、多大な費用と労力を要することが少なくありません。私も中小企業の内紛を多く扱いましたが、仮処分や訴訟が複数起こされ、経営に集中するどころではなくなってしまいます。

「わかりました。社長、そうすると、前田金属工業の株式は、すべてご長男に相続させる、ということでよろしいのですね。後は、どうしますか?」

「妻には自宅を遺したいと思います。ずっとこの家に住み続けたいと言っていますので。マンションは長女に遺したいと思います。長女はいい歳なのですが、まだ結婚できずに独身を続けています。今後の生活のことも考えてやりたいと思います。それに、長女にマンションを遺しておけば、その収益で妻と自分の分の生活費を賄うことができるでしょう。あとの現金預金は、妻と長男、長女で分けるようにしたいと思います。

図7

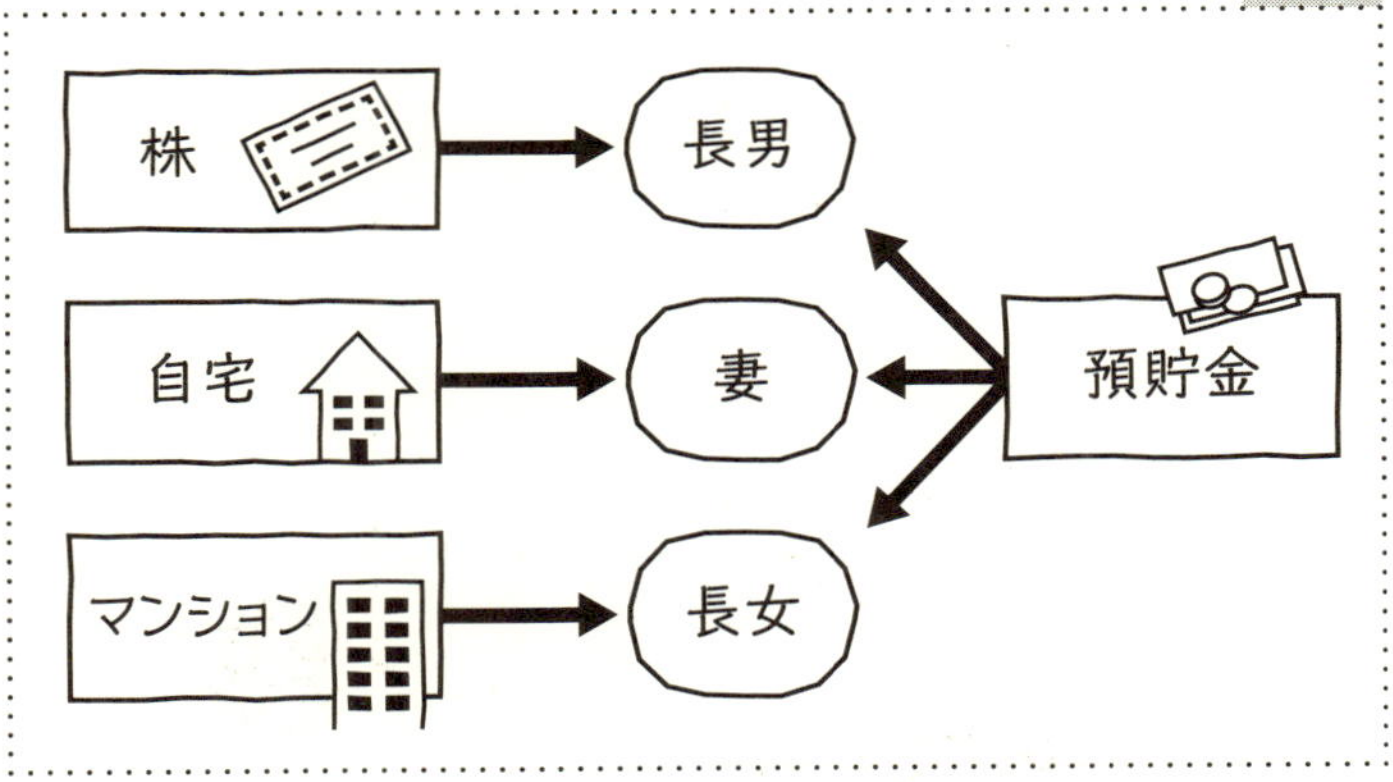

次男は家を出て行ってしまっていますので、財産を残す気はありません」
前田氏の妻は、専業主婦として家庭を守り、仕事一筋の前田氏をずっと陰で支えてきた女性です。もちろん経営のことはわかりませんし、前田氏が先に亡くなってしまうと、その後、自分で生活の糧を稼ぐことはできません。そこで、老後の生活費を賄うために、長女にマンション経営をさせ、そのお金で妻の生活の面倒を見させよう、ということなのです【図7】。
「社長、お気持ちはよくわかりました。ところで、一つ問題があります。それは、『遺留分』という制度についてです」
そこまで言うと、社長が遮りました。

図8

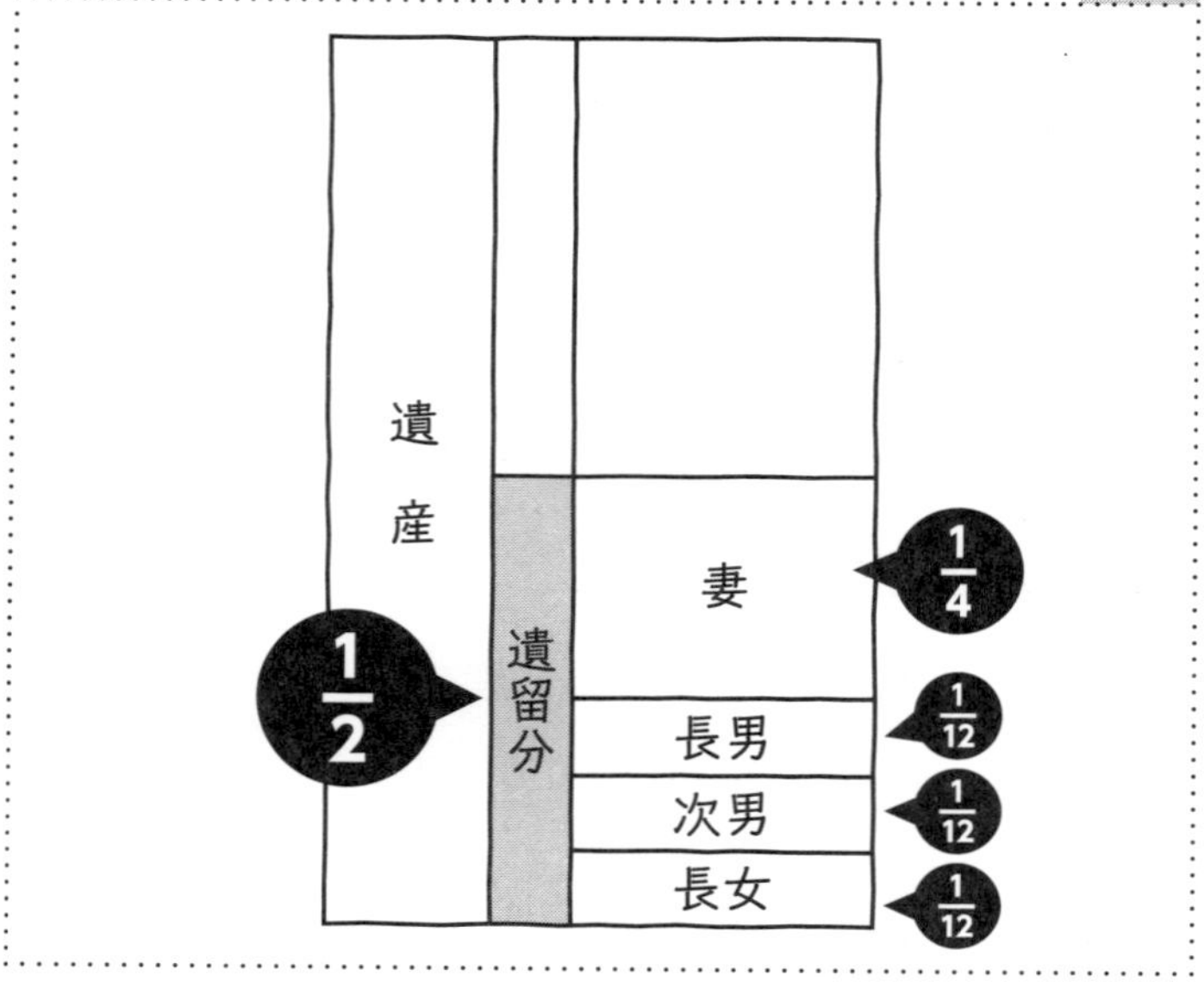

「ああ、遺留分ね。でも、遺留分があっても、遺言書を作れば大丈夫でしょう。インターネットに書いてありましたよ」

「社長、インターネット上の情報は、正しいこともあれば、間違っていることもあります。社長がご覧になった遺留分に関する情報は、間違いです。まず、遺留分について説明しますが、**遺留分というのは、たとえ本人が遺言書を書いても廃除できない財産に対する権利のこと**で、今回は妻、長男、次男、長女が持っている権利です。また、今回のメンバーの場合には、財産の二分の一が遺留分となります。そして、それを各自の法定相続分の割合に従って取得します。次男の法定相続分の割合は、六分の一ですから、これに二分の一をかけて、一二分の一が次男の遺留分となります。そして、それは遺産全体の一二分の一となりますので、株式の一二分の一も次男のものになるのです」【図8】

遺留分とは?

ここで、遺留分について簡単に説明します。

自分の財産は、自分ですべて自由に処分できるのが法律の原則です。自分が死んだ後に、自分の財産を誰にあげるかを決めるのが遺言ということになります。しかし、家族みんなで協力して築いた財産を、本人の意思で第三者にあげてしまったり、誰か一人だけに相続させたりしたのでは、他の相続人の生活が保障されませんし、他の相続人にも潜在的な持分があるはずです。そこで、法律では、**自分の財産の処分に一定の制限を設けました。それが遺留分という制度**です。

つまり、**遺留分というのは、たとえ本人が遺言書を書いても廃除できない財産に対する権利のこと**です。

遺留分の権利は、兄弟姉妹を除く法定相続人に認められます。つまり、配偶者、子、直系尊属（両親など）です。これらの者は、自分の遺留分が侵害される贈与や遺贈などがあった場合に、その守られた遺留分の限度で、すでになされた贈与や遺贈などを減殺して自分の遺留分を確保することができます。

たとえば、父親、母親、長男がいて、父親が遺言書で自分のすべての財産を母親に贈与していた場合、長男は遺留分を主張して一定の割合の財産を取り戻すことができます。この場合には、母親に贈与された財産のうち、一定の割合の財産を自分のものとすることができるのです。

さて、先ほど、「兄弟姉妹には遺留分はない」と説明しました。そこで、もし、あなたに子供がなく、妻と兄弟姉妹が相続人であるとして、「兄弟姉妹が相続人になっているけれども、兄弟姉妹には財産をあげたくない」という人はよく読んでください。

兄弟姉妹に財産をあげたくない場合は、「兄弟姉妹には遺留分はない」、という制度を利用します。たとえば、被相続人に配偶者はいるが、親も子供もいないので、兄弟姉妹も相続人になる、という場合です。この場合に、兄弟姉妹に財産を相続させたくなければ、遺言書ですべての財産を配偶者に相続させることです。子供や親がいれば遺留分があるので、遺留分減殺請求ができますが、兄弟姉妹には遺留分がありませんので、すべての財産が妻に相続されることになるのです。このあたりも知らないと、諦めてしまいがちなところです。

では、遺留分は、どの範囲で認められるのでしょうか?

遺留分は財産の一定割合ですから、もともとの計算の基礎となる財産は何か、を決めなければなりません。法律では、この財産を次のように決めています。

遺留分計算の基礎となる財産＝相続開始時の財産＋贈与された財産－債務

この「贈与された財産」は、相続開始前一年間にしたものだけが加算されますが、贈与した者と贈与された者がともに遺留分を侵害することを知って贈与した場合には、一年より前にした贈与であっても、この「贈与された財産」に加算されることになり

図9

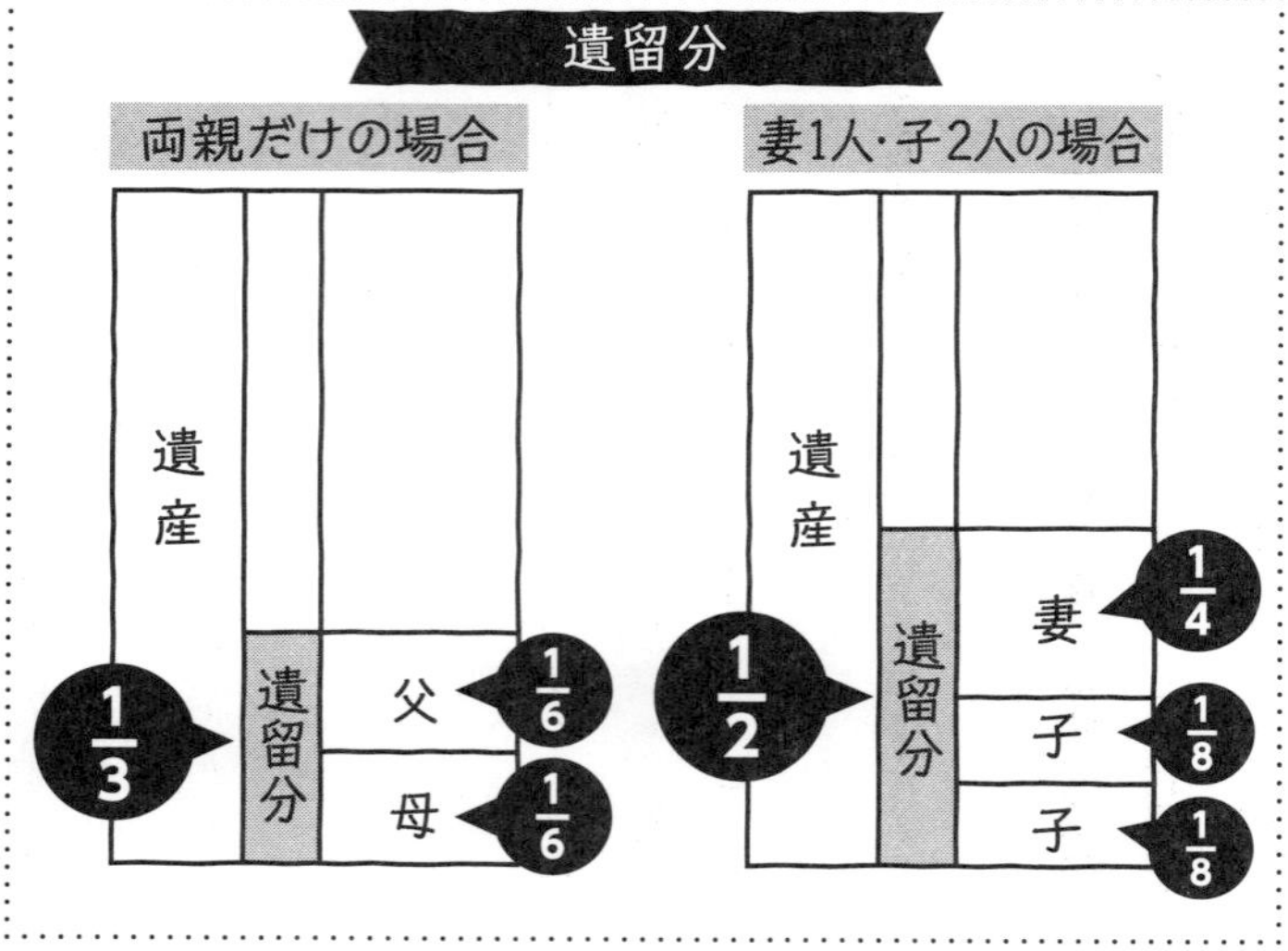

ます。

そして、遺留分は、この式によって決まった財産について、相続人が直系尊属のみであるときは被相続人の財産の三分の一、それ以外の場合は被相続人の財産の二分の一、と決まっています。また、相続人が複数あるときは、法定相続分の割合によってそれぞれ案分されます。

これを図で説明すると、次のようになります【図9】。

この遺留分制度があるために、被相続人は、いくら遺言書を作ってもすべての財産を自由に処分できるわけではないのです。

つまり、妻一人子一人いる人が、遺言書ですべての財産を妻に相続させる、と決めたとしても、相続発生後、子は、財産の二分の一（遺留分の総体）×二分の一（法定相続分）＝四分の一について遺留分を主張し、それだけの財産を確保することができる、ということです。

ただし、注意しなければならないことは、**遺留分は、相続の開始と遺留分を主張できる贈与や遺贈があったことを知ってから一年以内に権利主張しないと、時効によって権利がなくなってしまう、ということです。また、たとえ知らなかったとしても、相続が開始されてから一〇年間権利主張しないと、やはり時効によって消滅します。**

この権利主張は期間の制限があるので、後で証拠として残しておくために、遺留分の主張をするときには、内容証明郵便で相手に送っておくとよいでしょう。

ここで、「内容証明郵便」というのは、郵便物の差出日付、差出人、宛先、文書の内容などを国の特殊会社である日本郵便株式会社が証明してくれるものです。つまり、「この郵便物をいつ、誰に、この内容で誰が出しました」ということを国の業務委託を受けた日本郵便が証明するものです。**遺留分減殺請求権は、相続の開始と遺留分を主張できる贈与や遺贈があったことを知ってから一年を経過すると消滅してしまうので、**

図10

遺留分減殺請求書

被相続人山田太郎は、平成二六年四月一日に死亡し、私は同人の長男です。
被相続人は、遺産のすべてを貴殿に対して相続させる旨の遺言書を作成しております。
しかしながら、同遺言は、私の遺留分を侵害しますので、本書をもって遺留分減殺請求をします。

平成二七年三月一日

通知人　住所
東京都●●区●●一｜一｜一
山田英彦

被通知人　住所
埼玉県●●市●●一｜一｜一
山田花子様

【内容証明書用紙】

この内容証明郵便により、権利を行使したことを証明してもらうことが望ましいのです。

　では、ここで、遺留分減殺請求の内容証明郵便の例を掲載しておきます［図10］。

「生命保険で遺留分を廃除できる」は、本当か!?

よく、**「生命保険で遺留分問題は解決できますよ。生命保険金は相続財産ではありませんから」と言われることがあります。**これは、どういうことでしょうか?

まず、お父さん、お母さん、長男、次男の4人家族がいるとします。お父さんは、次男を特に可愛がっており、自分の生命保険の受取人を特別に次男に指定していました。お父さんが亡くなると、生命保険金が次男に支払われますが、長男は面白くなく、この生命保険の支払いが自分の遺留分を侵害するとして訴えた、という事案で考えてみましょう。

この場合、生命保険金が相続財産になったり、生命保険金の受取人を次男に指定するのが贈与になったりすると、遺留分減殺請求の対象となります。

しかし、**判例では、生命保険金は遺留分の対象にはならないとしています**(最高裁平成一六年一〇月二九日決定)。冒頭の発言は、この判例に基づく発言ということになります。

それでは、次男はこの生命保険金をすべて自分のものにすることが保証されるかというと、そうはなりません。

確かに、先ほどの最高裁決定では、生命保険金は遺留分減殺請求の対象にはならない、と述べています。しかし、**次の場合には、「特別受益に準じて持ち戻しの対象となる」と判断**しています。

①保険金の額
②保険金の額の遺産の総額に対する比率
③保険金受取人と他の共同相続人と被相続人との関係
④各相続人の生活実態

などの諸般の事情を総合的に考慮して、相続人の間で遺留分制度の趣旨に照らして到底是認することができないほど著しい不公平が生じる場合です。

このような場合には、遺留分としては取り戻すことはできないけれども、特別受益に準じて持ち戻しの対象となる、ということです。

ここで、「持ち戻し」について簡単に説明しておきます。

「持ち戻し」というのは、相続人が複数いる場合に、被相続人が遺贈をしたり、あるいは生前に、

①婚姻のため

②養子縁組のため

③生計の資本のために

ある相続人だけに財産を贈与した場合には、その財産は相続財産とみなして法定相続分を計算するという制度です。そうすると、財産をもらえなかった相続人の法定相続分も増えますし、遺留分も増えるということになります。

遺留分をなくすために、生命保険を活用することは、ある程度は実効性がありますが、完璧ではないということです。

具体的に、どのような場合に、持ち戻しの対象になるのかについての説明はしませんが、この方策を実行する場合には、弁護士に相談することをおすすめします。

遺留分を廃除するのは難しい

遺留分について説明すると、社長は気色ばみました。

「それは困る！　なんとかならないのですか⁉」

やはり、自分が一代で築いた前田金属工業が、相続争いのために傾いてしまうのは我慢がならないのでしょう。前田氏は、職人気質の真面目な性格で、日本全体が浮かれていたバブル景気のときにも会社の資金で不動産投資や株投資などに手を出さず、地道に事業一筋に打ち込んで今の前田金属工業を築き上げてきたのです。

遺留分による争いを回避する方法は、いくつかありますので、私は前田氏に質問しました。

「遺留分は、権利ではありますが、義務ではありません。次男が遺留分を主張しなければ何も問題になりません。そのあたりは、どうでしょうか？」

「先生、それは難しいです。私が生きているうちは影響力がありますが、死んでしまった後は、どうなるかわからない。次男も、もらえるものはもらおう、と遺留分とやらを主張してくるのではないでしょうか。私は、自分が生きているうちにすべてカタをつけておきたいのです」

前田氏が言うこともっともです。実際、仲がよかった兄弟が相続が始まった途端、争い出すことは多いものです。裁判になるともっと大変です。お互い弁護士がついて、権利を主張しあいますから、相手を攻撃することになります。そうすると、感情のしこりが残って、兄弟の関係は修復できないほど壊れてしまうこともあります。はじめは「先生、兄弟ですから、あまり争いたくないんですよ。お互い譲歩しあって解決したいと思います」と言っていた人が、途中から「あいつだけは絶対に許しません。とことん最後まで戦います」などと変わってゆくのを何度も見てきました。

ですから、**財産を持っている人は、自分が生きているときに、自分の死後まで責任をもって整理しておく必要がある**のです。

そこで、私は、違う方法を提案しました。

「なるほど。社長が今なら影響力がある、というのなら、今の時点で、次男に遺留分を放棄させることはできますか？　家庭裁判所の許可が必要ですが、遺留分放棄は法律上可能です。次男に遺留分がなくなれば、遺言書どおりの効果が認められます」

「先生、それも無理です。いくら影響力があるとは言っても、そこまでは難しいでしょう。それより、『相続放棄』という制度があるでしょう。先生、私の目の黒いうちに、次男に相続放棄させましょうや」

「社長、残念ながら、相続放棄は、相続開始前はできないと法律で決まっているのです。相続が開始した後、本人の意思で行うことが必要なんです」

「そうですか……」

「まだ方法があります。『中小企業における経営の承継の円滑化に関する法律』という法律があります。今、前田金属工業の株式をご長男に贈与するならば、その株式の価格を遺留分の計算から除外するように推定相続人全員で合意すれば、そのとおりになる、という制度がありますが、いかがでしょうか」

「そうすると、会社の株式を今、長男に贈与しないといけないでしょう。そうすると、会社の支配権も長男にいってしまいますよね。しかし、長男もまだ未熟なので、今、会社の経営を任せるわけにはいかないんですよ。早く成長してくれるといいのですが。

しかし、遺留分ていうのは難しいんですねぇ――」

社長は、一応次男の行方を探し、遺留分放棄について説得してみる、とは言ったものの、あまり期待はできなさそうです。だとすれば他の方法で、前田金属工業の株式が次男に相続されないような仕組みを整える必要があります。

相続放棄・限定承認とは？

相続は、何もプラスの財産のみを相続するわけではありません。マイナスの財産も相続することになります。マイナスの財産というのは、簡単に言えば「借金」のことです。

今回の前田社長の場合は問題になりそうもないのですが、中小企業の社長は、銀行から会社への多額の借入金債務について連帯保証をしている、というケースが大半です。事業を行うには多額の資金が必要であり、中小企業の多くは銀行からその資金を借り入れています。したがって、億単位の借金について連帯保証人になっている、というケースが多いのです。

これでは、いくら財産があっても、負債まで相続すると全体でマイナスになってしまう、というケースも考えられます。親の借金で子が自己破産をしなければならない、というのも可哀想ですね。

そこで、そのような場合に**相続人を守るために「相続放棄」という制度と、「限定承認」という制度が設けられています。**どちらも家庭裁判所に対して行う手続きです。まず、相続放棄から説明します。**相続放棄は、文字通り「相続することを放棄する」制度です。相続放棄をすると、はじめから相続人でなかったことになります。**たとえば、[図11]のように、被相続人に妻と子がいるとして、妻が相続放棄をした場合には、妻ははじめから相続人ではなかったことになり、子だけが相続人となります。子も相続放棄をすると、子も相続人ではなかったことになり（妻も子もいないことになる）、次の第二順位である親が相続人となります。さらに親が相続放棄をすると、親も相続人ではなかったことになり（妻も子も親もいないことになる）、兄弟姉妹が相続人、ということになります。兄弟姉妹も相続放棄をすると、誰も相続人がいなくなってしまいます。ちなみにそのような場合には、相続財産を管理する人が必要になるので、**家庭裁判所が「相続財産管理人」を選任し、相続人が他にいないかどうか、調査をし**

図11

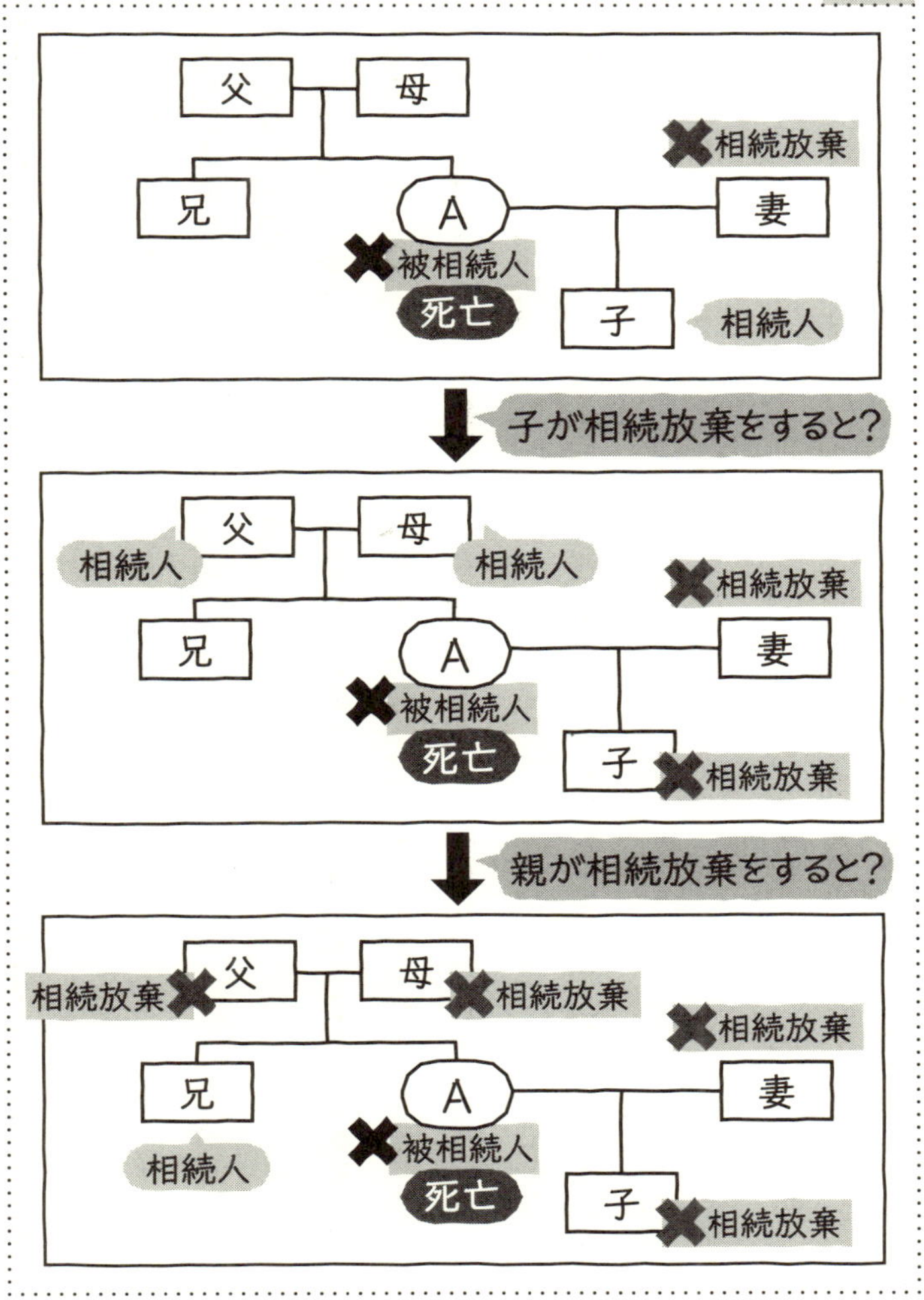
父
母
相続放棄
兄
A
妻
被相続人
死亡
子
相続人
子が相続放棄をすると?
父
母
相続人
相続人
相続放棄
兄
A
妻
被相続人
死亡
子
相続放棄
親が相続放棄をすると?
父
母
相続放棄
相続放棄
相続放棄
兄
A
妻
相続人
被相続人
死亡
子
相続放棄

ます。それでも相続人が誰もいない場合には、「特別縁故者」を探すことになります。

特別縁故者というのは、相続人ではない人で、

①被相続人と生計を同じくしていた者

②被相続人の療養看護に努めた者

③その他被相続人と特別の縁故があった者

です。内縁の妻や事実上の養子などは、相続人とはなりませんが、この特別縁故者になるでしょう。

相続人が誰もおらず、特別縁故者に該当する人は、家庭裁判所に財産分与の請求を行うことができます。

相続人が誰もおらず、かつ、特別縁故者もいない場合には、相続財産は国庫に帰属することになります。

相続放棄というと、借金がたくさんある場合のことを想定しますが、借金がなくて、プラスの財産だけある場合でも相続放棄は可能です。親が残した財産に頼らず、自分の力だけで生きていきたい人などが相続放棄する場合です。

ところで、多くの方は生命保険に入っていると思いますが、これは、保険契約とい

図12

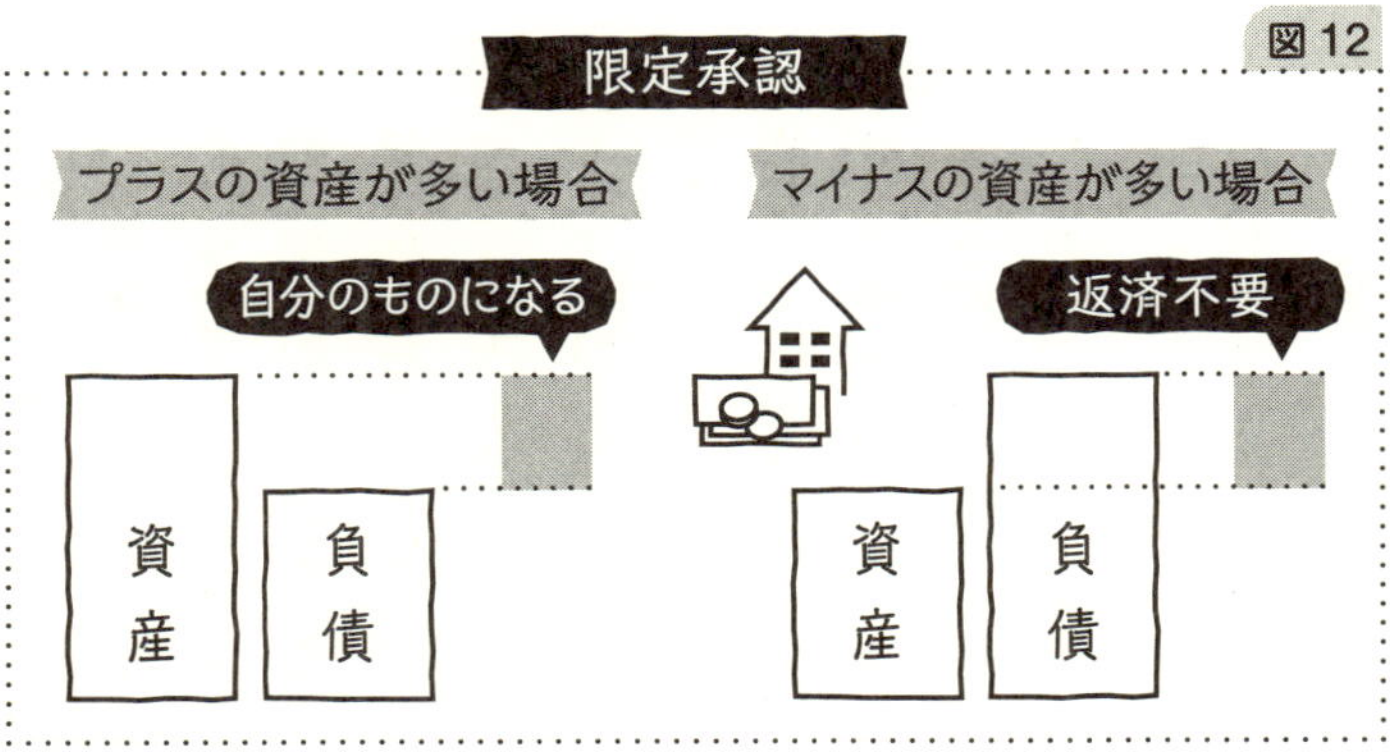

う契約に基づいて保険金が支払われるものです。生命保険契約では、受取人を指定するのがほとんどですが、受取人を指定すると、被保険者が死亡したときに支払われる生命保険金は、契約に基づいて受取人に支払われるわけですから、相続財産ではありません。したがって、**受取人が相続放棄をしていたとしても、生命保険金を受け取ることができる**わけです。

次に、**限定承認ですが、これは相続自体はするけれども、相続した債務については、プラスの相続財産の範囲内でのみ責任を負う**、という制度です［図12］。

たとえば、資産が一億円、負債が二億円あった場合に、限定承認の手続きをすると、いくら負債が二億円あったとしても、相続人は、プラスの一億円の相続財産の範囲で負債を返済すれば、それで残りの一億円については責任を免れる、という制度です。プラスの財産とマイナスの財産とでどちらが多いかわからない、というような場合には、単純に相続してしまって、後でマイナスの財産が大きいことがわかったときは大変なことになりますから、このような制度があると便利です。同居していない親が亡くなったような場合には、借金がいくらあるかわからない、ということがよくあります。このような場合、数ヵ月間調査しても判明しないことも多いものです。そのような場合に限定承認をする、という方法もあります。

ただし、限定承認は、法的な手続きは簡単ではありません。

限定承認をした人は、原則として限定承認後五日以内に官報などの公告をしなければなりません。それから知っている債権者に債権を申し出るよう催告し、届け出のあった債権に法的な優先権があるかどうかを検討し、不動産などの財産を換価するときは普通の売却ではなく競売を行う……というように、法律の素人ではとても難しいような手続きになっています。したがって、弁護士に依頼することが多くなり、その分の弁護士費用についても考えておかなければなりません。限定承認をしようとする人は、限定承認をする前に弁護士に相談し、本当に限定承認が望ましいかどうか、検討

図13

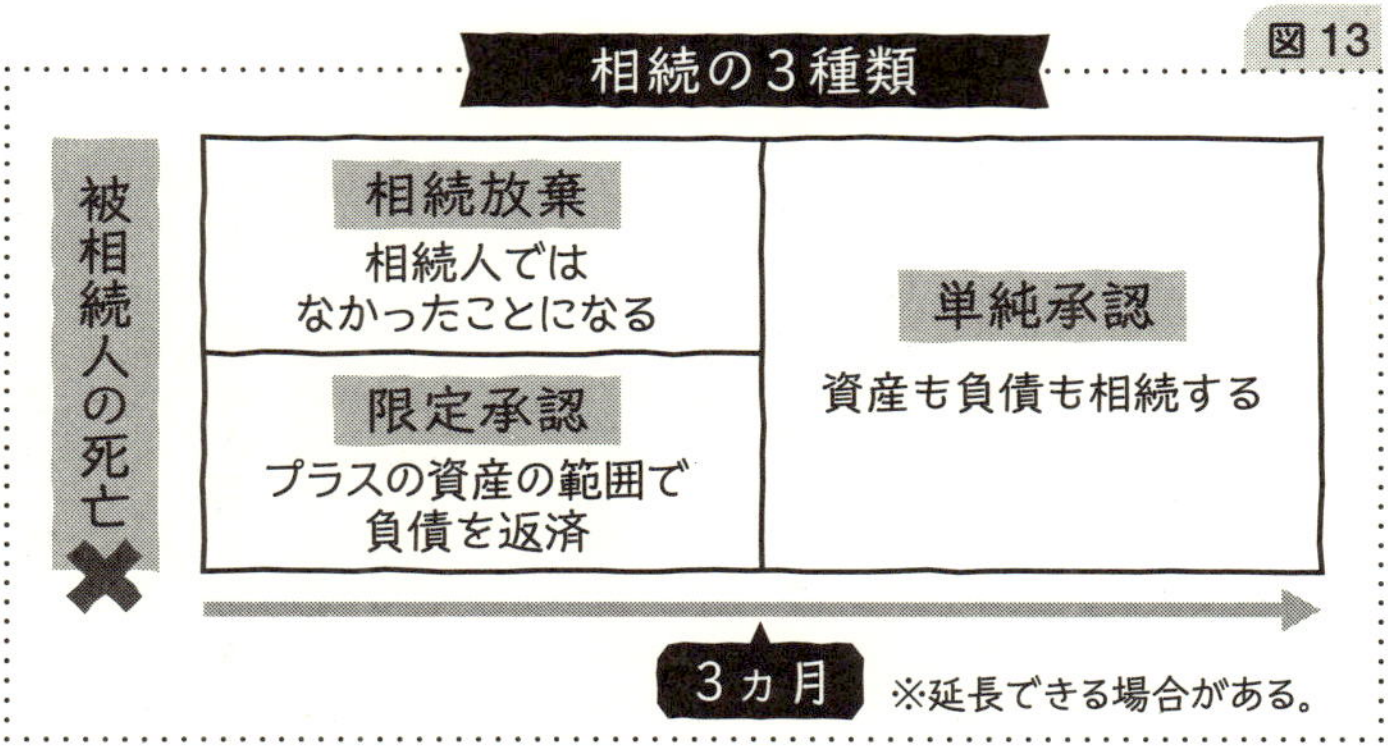

をしておく必要があるでしょう。

この**相続放棄も限定承認についても、どちらも自分のために相続があったことを知ったときから三ヵ月以内に行う**ことが必要です。これを「**熟慮期間**」と言います。十分熟慮して決めましょう、ということですね。しかし、相続は被相続人が死亡した後に発生します。他人の財産を調査するには時間がかかることもあります。熟慮期間として三ヵ月間では足りないこともあるでしょう。そこで、そのような場合には、家庭裁判所に対して、熟慮期間を延長するようお願いをすることも可能となっています。

ただし、相続放棄するかどうか、熟慮している間に処分などを行うと、相続放棄できなくなってしまう場合がありますので、注意が必要です。これを「**法定単純承認**」といいます【図13】。

法定単純承認は、次の二つの場合です。

①相続財産の全部または一部の処分をした場合

②三ヵ月の熟慮期間を徒過した場合

①の相続財産の全部または一部の処分をした場合というのは、相続財産を第三者に譲渡したり、相続財産である債権を取り立てて自分で使ってしまったりというような場合です。

②の三ヵ月の熟慮期間を徒過した場合というのは、言葉のとおり、熟慮期間の延長の手続きをせずに、三ヵ月が過ぎてしまった場合です。

また、仮に相続放棄をした場合でも、相続財産の隠匿などの背信行為をした場合、つまり、相続財産を隠したり、自分の物にしてしまったりした場合には、相続放棄は無効になり、相続財産を相続したことになってしまいます。気をつけたいところです。

推定相続人の廃除とは？

前田社長の反応から考えると、遺留分放棄許可の申し立ては難しそうだったので、一応「推定相続人の廃除」も検討することにしました。

「では、社長、要件は厳しいのですが、一応『推定相続人の廃除』についても検討しておきましょう」

「先生、『推定相続人の廃除』というのは、何ですか?」

「『推定相続人の廃除』というのは、「相続する権利がある人」を「相続する権利がない人」にしてしまうための手続きです。当然、遺留分もなくなります」

「先生、それでいきましょう。それで!」

前田社長は、もう推定相続人の廃除ができたように興奮しています。

「しかし、社長、事はそう簡単ではありません。推定相続人の廃除は、法律で認められた相続権を奪ってしまう制度なので、要件が厳しく決められています。それに、家庭裁判所による審判または調停が必要とされています」

推定相続人の廃除をするには、一つは財産を相続させる被相続人が、生きている間に家庭裁判所に対して請求する方法と、もう一つは遺言書に特定の相続人を廃除したいという意思を記しておく、という二つの方法があります。遺言書で推定相続人の廃除の意思表示を行った場合には、遺言執行者が家庭裁判所に対して、廃除の請求を行うことになります。

推定相続人の廃除が認められるためには、次のいずれかの要件が必要となります。

①被相続人に対する虐待や重大な侮辱を加えたとき

②著しい非行があったとき

①の虐待や侮辱に関しては、被相続人をからかったり、言うことを聞かなかったり、喧嘩をしたり、といった状況では認められません。被相続人に対して、一方的に暴力やひどい侮辱を繰り返していたといった状況が必要です。

②の「著しい非行」に関しては、借金や刑事事件などの問題を繰り返して経済的・精神的な被害・苦痛を与えたといった場合に認められます。

さて、社長の次男は、このようにひどい行動を取っていたでしょうか？

前田社長はがっかりしたように答えました。

「うーん。さすがにそこまでひどいことはしていません。私の言うことを聞かず、家を飛び出してしまって行方知れず、といった程度です。この程度では、『推定相続人の廃除』は使えないでしょうか？」

「そうですね。『推定相続人の廃除』は、法律で認められた相続権を奪う制度ですので、かなりひどい状況であることが必要です。社長の状況ではまず認められないでしょう」

次男に遺留分に相当する財産を相続させる!?

「では社長、一応次男が遺留分を主張してくる、という前提で考えていきましょう。次男の遺留分は社長の遺産の一二分の一について権利があります。そして、この遺留分を主張する権利は、各財産のどれにつき主張する、などとは選べず、全体に効果が及びます。つまり、次男に何もあげなければ、遺産全体の一二分の一に遺留分が発生する、前田金属工業の株式の一二分の一にも遺留分が発生する、ということです。しかし、社長が遺言書で、遺産のうち、前田金属工業の株式以外の財産について、遺産の一二分の一を次男に相続させれば、遺留分に相当する財産をもらったことになりますから、次男は遺留分を主張できなくなります」

「先生、おっしゃっている意味がよくわかりませんが」

「社長の財産は、次のとおりですね」

・現金預金＝一億八〇〇〇万円
・自宅のマンション＝評価額五〇〇〇万円
・収益不動産としてのマンション一棟＝評価額一億円
・前田金属工業の自社株一〇〇％＝評価額三億円

「つまり、評価で言うと、六億三〇〇〇万円です。これに対する次男の遺留分は、一二分の一ですから五二五〇万円です。次男に五二五〇万円分の財産をあげれば、次男は遺留分を主張できなくなります」

遺留分というのは、遺言書でも廃除できない相続人の遺産に対する取り分のことです。次男には、遺産全体に対して、一二分の一の取り分があることになります。そうだとすれば、遺産の一二分の一を、どんな形でも相続させれば、取り分をもらったことになるので、次男は遺留分を主張できなくなるのです。

「でも先生、それは無理ですよ。この中であげられるものなんか現金預金しかありません。しかしそれも、五二五〇万円もあげてしまったら、他のみんなは相続税も払えなくなってしまいます」

種類株式で議決権を廃除する

「では、社長、やはり前田金属工業の株式をあげるしかないんじゃないですか?」

前田氏は、ムッとして反論してきました。

「先生、何を言っているんですか。先生に相談しているのは、前田金属工業の株式が次男にいかないように、ということで相談しているんですよ。それじゃ相談する意味がないでしょう」

「でも社長、前田金属工業の株式が次男にいかないように、というのは、株式が分散されて会社としての意志決定が迅速にできないからではないですか?」

「そのとおりです。だから、前田金属工業の株式は、長男に集めたいのです」

「では、長男が、前田金属工業の株主総会の議決権のすべてを持っていればいいわけですね?」

「そうですとも。だから、前田金属工業の株式全部を長男に相続させようと思っているのです」

図 14

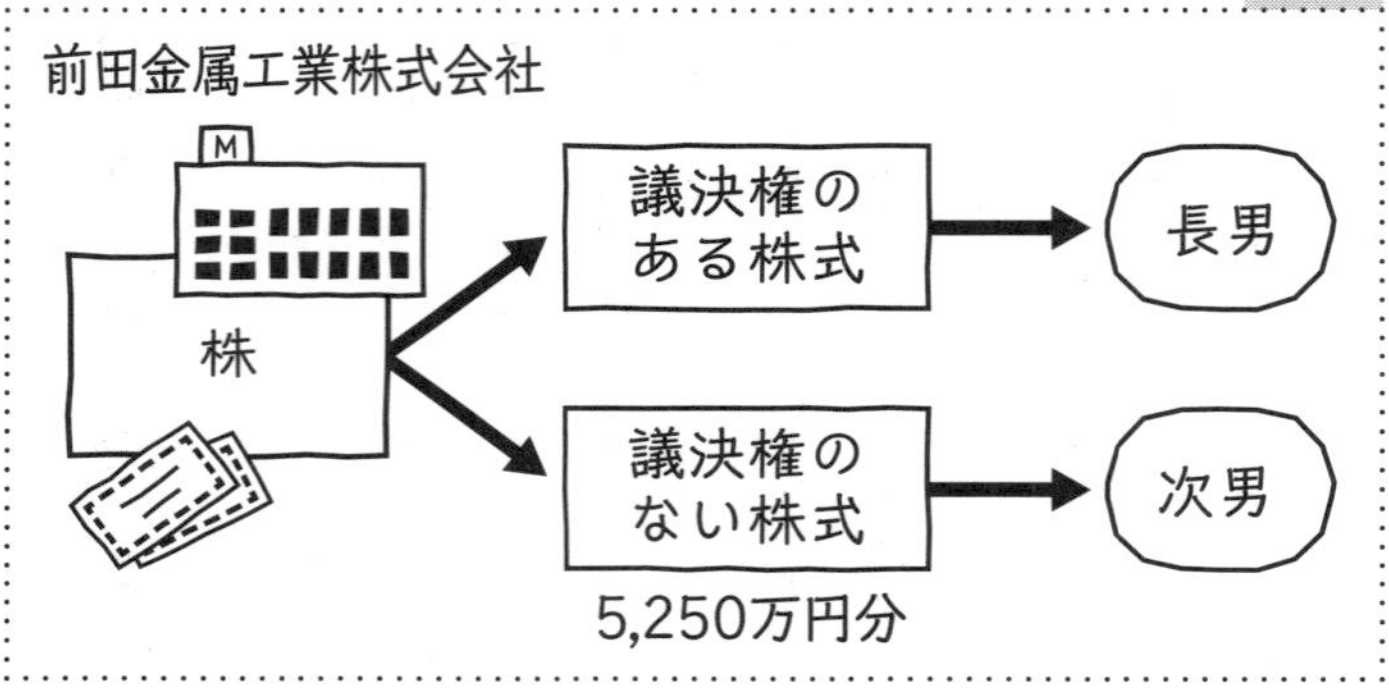

「わかりました、社長。それでしたら、こういう方法もありますよ。次男に前田金属工業の株式を相続させるけれども、経営の意志決定には参加させない、という方法です。**前田金属工業の株式を、株主総会の議決権を有する普通株式と、議決権を有しない株式とに分けて、議決権を有する株式全部を長男に、議決権を有しない株式を次男に相続させる**、ということでどうでしょう。そして、次男の株式については、**『取得条項付株式』ということで、会社に買い取り資金ができたときには、強制的に買い取れるようにしておいたらいかがでしょうか**。会社法の制度でそんなことができるんですよ」

社長はビックリして目を丸くし、

「先生、そんなことができるんですかい！　早く言ってくださいよ。先生も人が悪いなぁ――」

いつの間にか社長はべらんめえ調になってきました。そういえば、前田社長は江戸っ子だと言っていた記憶がありました。

「では、紙に書いて説明しますね」

私は、リーガルパッドに図を書いて説明しました【図14】。

会社法では、株式会社の株式を、色々な種類の株式にすることができます。以前は、株式は一種類で皆同じ種類だったのですが、今の会社法では、異なる種類の株式にすることができるのです。たとえば、今回出てきた「議決権のある株式」と「議決権のない株式」に分ける、といった具合です。

種類株式とは？

では、ここで種類株式について説明します。

種類株式というのは、株式会社において、一定の範囲と条件のもとで、権利の内容の異なる複数の種類の株式を発行することです。

例をあげます。資本金一〇〇〇万円の株式会社において、株式が二〇〇株発行されているとします。通常は、この株式は平等であり、内容に違いはありません。しかし、株式会社は、たとえばこの二〇〇株のうち、一〇〇株は剰余金の配当において優先して配当し、残りの一〇〇株は剰余金の配当において後回しにする、というような種類の異なる株式を発行することができます。いわば株主間の不公平を認めているのです。このような種類の異なる株式の発行を認めることにより、多様な資金調達と支配関係の多様化を認めています。

種類株式として認められているのは以下の内容です。

①剰余金の配当について、他の株式よりも優先または劣後させること
②会社の残余財産の分配について、他の株式よりも優先または劣後させること
③株主総会において議決権を行使できる事項を、全部または一部制限すること（議決権制限種類株式）
④株式を譲渡する場合に会社の承認を必要とすること（譲渡制限種類株式）
⑤株主が会社に対して、その株式の取得を請求することができること（取得請求権付種類株式）

⑥一定の事由が発生した場合を条件として、会社がその株式を取得することができること（取得条項付種類株式）
⑦株主総会決議により、会社がその株式を全部、強制的に取得できるようにすること（全部取得条項付種類株式）
⑧株主総会や取締役会で決議すべき事項のうち、これらの決議以外に種類株主総会の承認を必要とすること（拒否権付種類株式）
⑨種類株主総会において取締役・監査役の選任ができるようにすること（選解任種類株式、委員会設置会社と公開会社には認められない）

前述した前田金属工業に提案したのは、一定の株式を株主総会の議決権のある株式（長男）と議決権のない株式（次男）に分けることによって、会社の意思決定をすべて長男に任せよう、という方法です。こうすれば、会社の重要な意思決定はすべて長男が行うことができ、かつ、遺留分に見合う財産を次男に与えることができます。

なお、種類株式にした場合には、相続における株式の評価額に差が出ることがありますので、注意が必要です。

いよいよ遺言書作成

そんなこんなで、前田社長の相続問題は、遺言書を作成するとともに、前田金属工業の株について種類株式にする、という対策をたて、実行することになりました。

遺言書は、後で争いが起こらないように、「公正証書遺言」にすることにしました。**遺言書には、三種類あります。****①自筆証書遺言、②秘密証書遺言、③公正証書遺言です。**他にもありますが、一般的に使うのはこの三つなので、この三つを憶えておけばよいでしょう。

①の自筆証書遺言というのは、読んで字のごとしで、**遺言をする人が自筆で遺言書全文を書くものです。**ただし、勝手に書けばよいわけではなく、法律の要件を満たしていなければならないので、解説書を読みながら書くか、弁護士に相談しながら書くのがよいでしょう。

②の秘密証書遺言というのは、遺言書に封をし、そこに封印をして、さらにその旨を証明する公証人と証人二人以上を立てて、自分が死ぬまで内容が秘密にされる遺言

のことです。小説やドラマで出てきそうですね。自分が死んだ後にみんなを驚かせたい人は、秘密証書遺言がよいでしょう。しかし、自分より先に証人二人が亡くなってしまうこともあります。そうなると、相続人が調べない限り、遺言書を書いたことが相続人にわからず、本当に「秘密」の遺言書になってしまう可能性もありますね。**そう考えると、やはり争いをなくすための遺言書を書くなら、③の「公正証書遺言」が望ましいと思います。**

③の公正証書遺言は、公証役場の公証人の前で遺言内容を口述し、それを公正証書という公的な書類にするものです。公証人が内容を証明してくれますので、もっとも信用性があり、後でトラブルになりにくいものです。今回は、この公正証書遺言にしました。

具体的な手続きとしては、各地に「公証役場」というところがあるのですが、そこに「公証人」がいます。公正証書遺言を作りたいときは、誰か遺言書の証人となってくれる人を二人頼みます。ちなみに、私も何人もの公正証書遺言の証人になっています。

そして、証人二人と公証役場に行って、公証人の前で遺言内容を口述します。公証

図15

目的財産の価額	手数料の額
100万円まで	5,000円
200万円まで	7,000円
500万円まで	11,000円
1,000万円まで	17,000円
3,000万円まで	23,000円
5,000万円まで	29,000円
1億円まで	43,000円

※1億円を超える部分については、1億円を超えて3億円までは、5,000万円ごとに1万3,000円。3億円を超えて10億円までは、5,000万円ごとに1万1,000円。10億円を超える部分については、5,000万円ごとに8,000円がそれぞれ加算される。

人はそれを筆記し、遺言者と証人に読み聞かせ、あるいは閲覧させ、遺言者と証人が書類に署名・押印し、最後に公証人が署名・押印する、というものです。

原本は公証役場に保管されて、正本と謄本は遺言者に交付されます。

公正証書遺言にするには、公証役場に費用を払うことになりますが、それは遺産の額にもよりますので、公正証書遺言を作る前に公証役場に確認しておく必要があります。

なお、本書執筆時点（二〇一五年六月）での公正証書遺言の作成手数料は、【図15】のとおりです。

ところで、今回は、前田社長が亡くなったときに、遺言書によって株式を相続させる、という方法ですが、その前提として、前田金属工業の株式を議決権のある株式と議決権のない株式にしておかなければなりません。それは遺言書ではできないので、生前に行う必要があります。

しかし、今、そんなことをしてしまうと、銀行や取引先から理由を聞かれて困るので、しばらくそのままにしておくことになりました。

自筆証書遺言の作り方

前田社長は公正証書遺言を選択しましたが、ここで、**自分一人で作成できる自筆証書遺言の作り方**について説明しておきます。

自筆証書遺言は、読んで字のごとしで、「自筆で書く遺言」のことです。したがって、**パソコンで書いた遺言は自筆証書遺言とは認められず、無効**となります。テープに声を録音したり、ＤＶＤに遺言動画を録画しても、自筆証書遺言にはなりません。

とは言っても、自分の声で遺言を録音したり、動画を撮影しておくと、とてもよい思い出にはなります。遺言者本人の気持ちが相続人たちによく伝わることでしょう。遺言書を巡る争いも少なくなると思います。

遺言書の争いの中には、「遺言書を書いたとき、被相続人は痴呆のために遺言書を書けるほどの判断能力はなかった」と主張されることがあります。しかし、遺言書を書いた後、その内容を自分で話す動画を撮影しておけば、このような争いもなくなりそうです。遺言書と動画を撮影したＤＶＤを一緒に保存しておくとよいでしょう。

自筆証書遺言は、

①費用がかからない

②自分一人で作成できる

③証人が必要ないので、他人に秘密にできる

などのメリットがあります。

しかし、反対に、

①自分しか知らないので紛失しやすい

②見つけた人が隠してしまう恐れがある
③法律の要件を満たさないと、遺言自体が無効になる
などのデメリットもあります。

したがって、メリット、デメリットをよく考えた上で、自筆証書遺言を作らなければなりません。

自筆証書遺言で準備するのは、紙と筆記用具、印鑑（三文判でもよいですが、正確を期すために実印をおすすめします）、封筒、糊です。鉛筆よりも油性ボールペンやペンがよいでしょう。鉛筆は、消しゴムで消されてしまう可能性があるからです。

さて、**自筆証書遺言が有効になるための条件ですが、三つあります。**
①全文を自分で、手書きで書くこと
②署名・押印
③日付け
一つでも要件が欠けていると、全部が無効になってしまいます。

さて、では、ここで遺言書クイズです。次の遺言書は有効でしょうか？　無効でし

図16

遺言書

私の全財産を妻に相続させる。

2015年1月1日

谷原太郎（谷原）

ょうか？［図16］

〈答え〉無効です。

なぜなら、**自筆証書遺言は、全文を自筆で記載しなければならないから**です。この遺言書は、署名以外の部分をワープロ打ちしています。それでは全文を自筆で書いたことにならず、無効になってしまうのです。

では、次の遺言書はどうでしょうか？［図17］

〈答え〉無効です。

なぜなら、**日付けが「吉日」となっているから**です。これでは、遺言書を何日に書いたのか、

図17

遺言書

私の全財産を妻に相続させる。

2015年5月吉日

谷原太郎 (谷原)

不明だからです。遺言書は何度も書き直すことができ、書き直した場合には、新しい遺言書が有効となり、古い遺言書は新しい遺言書に抵触する限り撤回したことになります。ということは、**遺言書は何月何日に書いたのか、明確にしておかなければなりません**。また、遺言書は、被相続人死亡後に効力を発揮します。遺言書を書いたとき、被相続人が正しい判断能力があったのかどうか、確認する上でも何月何日に書いたのかを明らかにしておく必要があります。

したがって、日付けが書いてなかったり、不明確な日付けが書いてあったりすると、その遺言書全体が無効となってしまうのです。なお、トラブルを避けるため、古い遺言書は破棄しておくようにしましょう。

図18

遺言書

私の全財産を妻に相続させる。

2015年5月10日

谷原太郎

では、次の遺言書は、有効でしょうか？　無効でしょうか？［図18］

〈答え〉無効です。

この遺言書は、**署名はありますが、押印がありません**。遺言書の効力が問題となるのは被相続人の死亡後ですので、その遺言書が有効か無効かを本人に確認することができません。したがって、遺言書が本人の真意に基づいて書かれたものであることを明確にしなければなりません。そのために、**本人が自筆で書き、その上で本人の印鑑で押印することが要件**となっているのです。その意味では、遺言書への押印は、実印で行うことが望ましい、と言えるでしょう。

自筆証書遺言の訂正

さて、全文を自筆で書く、となると、途中書き間違えてしまうかもしれません。また、後で遺言書を一部訂正したい、というときもあるでしょう。**こんなときも法律で訂正に関するルールがあります。**そのルールに従わない場合には、訂正は無効になって、元の文章が有効なままとなってしまい、被相続人の意思とは異なる遺言書となってしまいます。

訂正のルールは、

①変更した場所を指示する（二重線で削除して正しい文字を記載するなど）
②訂正した箇所に押印する
③余白に訂正した旨を記載して署名する（「拾字削除、九字追加」など）

ということになっています。

変更例を示しておきます【図19】。

図19

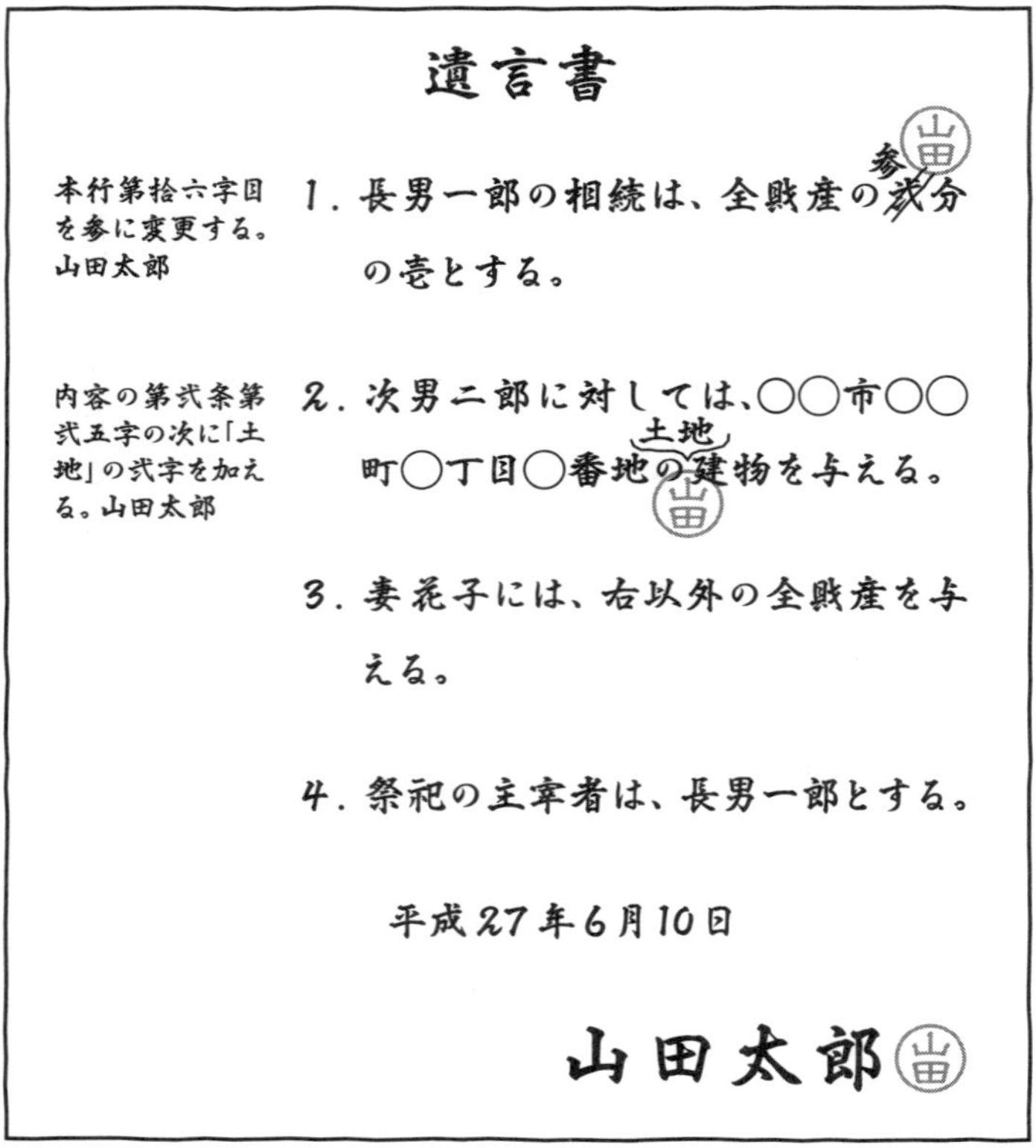
遺言書

本行第拾六字目を参に変更する。山田太郎

1. 長男一郎の相続は、全財産の~~弐~~参分の壱とする。

内容の第弐条第弐五字の次に「土地」の弐字を加える。山田太郎

2. 次男二郎に対しては、〇〇市〇〇町〇丁目〇番地の土地建物を与える。

3. 妻花子には、右以外の全財産を与える。

4. 祭祀の主宰者は、長男一郎とする。

平成27年6月10日

山田太郎

いずれにしても、自分で書いた要件が法律に適合していれば有効、要件を満たしていなければ無効となり、家族が争うことになってしまう恐れがありますので、自筆証書遺言を書く際には、弁護士などに相談した方がよいでしょう。

なお、自筆証書遺言の場合、被相続人が死亡した後に遺言書を発見（保管）した人は、すぐに家庭裁判所に対して「検

認」の手続きをする必要があります。これは、遺言書の存在が明らかになったときに、すぐに公的な場において、遺言書の存在や内容を確認、記録して、後日の偽造・変造などを防止する、という役割があります。

ここで、自筆証書遺言の流れをまとめておきます。

①紙、筆記用具、印鑑、封筒、糊を準備する
②遺言書を書く
③日付け、署名、押印を確認する
④訂正がある場合は、訂正箇所の指示、訂正箇所への押印、訂正した旨の記載、その箇所への署名を確認する
⑤遺言書を封筒に入れる
⑥封筒を封印・保管

書き直すときは、この①〜⑥を繰り返し、前の遺言書を破棄する、ということになります。

ここで、遺言書の簡単な記載例を掲載しておきます【図20】。

図20

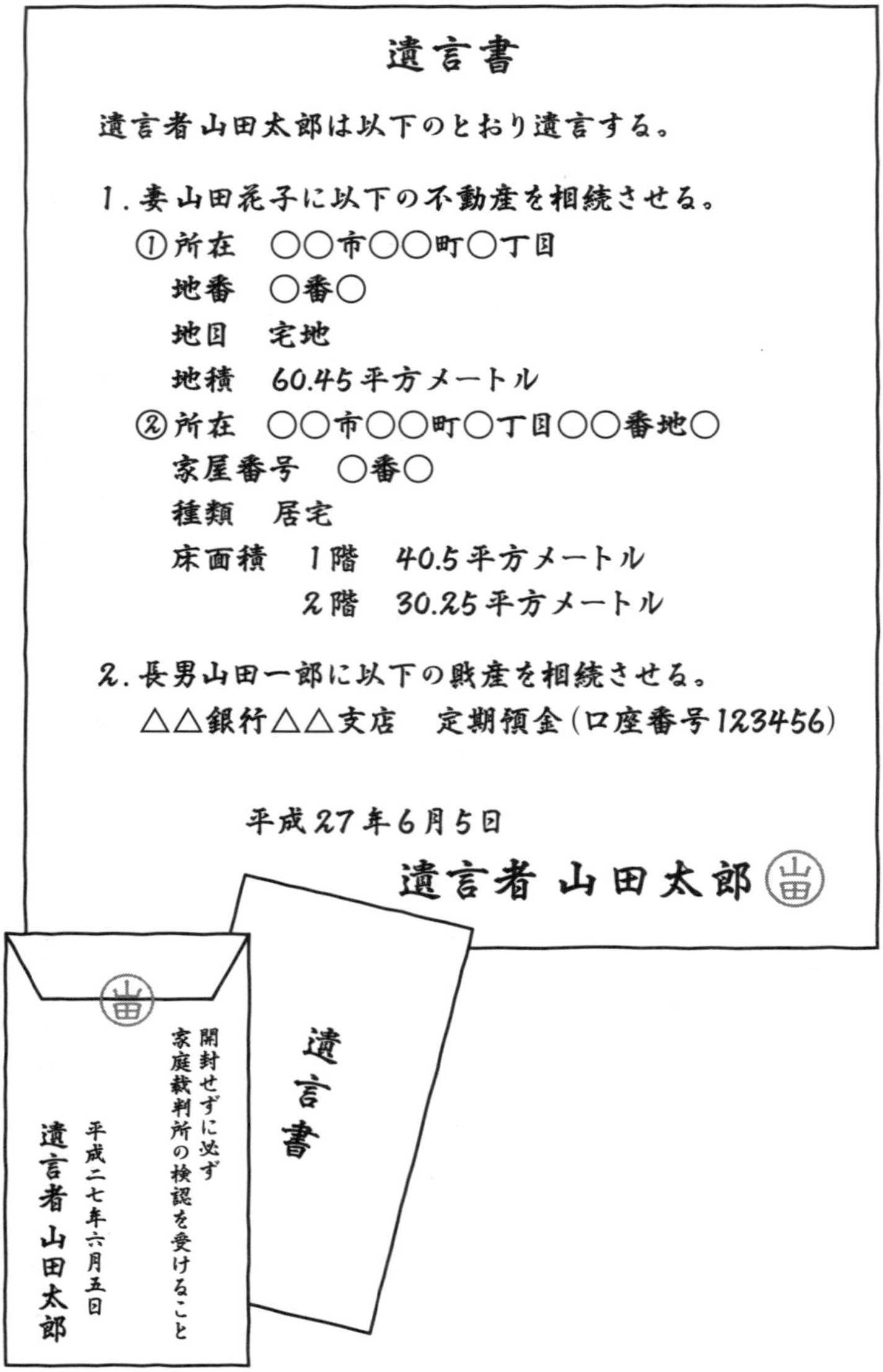

遺言書

遺言者山田太郎は以下のとおり遺言する。

1. 妻山田花子に以下の不動産を相続させる。

①所在　○○市○○町○丁目

地番　○番○

地目　宅地

地積　60.45平方メートル

②所在　○○市○○町○丁目○○番地○

家屋番号　○番○

種類　居宅

床面積　1階　40.5平方メートル

2階　30.25平方メートル

2. 長男山田一郎に以下の財産を相続させる。

△△銀行△△支店　定期預金（口座番号123456）

平成27年6月5日

遺言者 山田太郎 ㊞

遺言書に家族へのラスト・メッセージを残すことができる

次に遺言書の内容についてお話しします。遺言書の書き方も、そう簡単ではありません。というのは、遺言書は、自分の死後、自分の残された家族たちに財産を残すものです。本人の思いが強く入ります。そうなると、法律的に正しい文章ではなく、希望のようなものが入った文章になってしまい、法的に曖昧であったり、法的に意味をなさない文章になってしまったり、ということになりかねないからです。

たとえば、被相続人は、自分の自宅を妻にあげたい、と思っている場合、気持ちが入ってしまうと、「東京都千代田区●●番地の土地建物には、妻と長女が同居し、長女は妻の面倒をよく見ること。家の補修が必要となったときは、長男がこれを支出し、家族力を合わせて仲良く暮らすこと」などと書いてしまうことがあります。

しかし、この遺言書は無効です。誰が所有権を持ち、誰が使用する権利を持つのか、よくわからない願望が書かれてしまっているためです。つまり、せっかく遺言書を書いても、その遺言書はないものとみなされ、相続人の間で改めて遺産分割協議をしな

図21

内容が曖昧で無効な遺言書

遺言書

私の相続財産は、自宅土地建物、マンション、預金2,000万円であるが、息子たちは母親の生活を優先し、自己の主張をすることなく、仲よく財産分けをすること。

平成27年1月1日

山田太郎 (山田)

正しい遺言書

遺言書

1. 下記の財産を、妻花子に相続させる。
   ① 自宅土地建物(東京都世田谷区●●1-1-1所在)
   ② マンション(東京都千代田区●●1-1-1所在●●マンション101号室)
2. 下記の財産を、長男一郎に相続させる。
   預金(世田谷銀行普通預金123456)のうち1,000万円
3. 下記の財産を、次男二郎に相続させる。
   預金(世田谷銀行普通預金123456)のうち1,000万円

平成27年1月1日

山田太郎 (山田)

ければならないのです。したがって、遺言書は形式面だけでなく、内容面も法律的に正しいものを書かなければならない、ということです【図21】。

遺言書は、正しく書けば法律的には有効です。しかし、遺言書をもっと素晴らしいものにできます。遺言書の中に家族へのラスト・メッセージを残しておくのです。

生きているうちは、「ありがとう」という簡単な感謝の言葉や、本当に伝えたいことなどが、恥ずかしかったり、言う機会が作れなかったりで、言えずに死んでしまうかもしれません。それを遺言書の中にしたためるのです。遺言書であれば、自分一人でじっくりと時間をかけて考え、言い忘れもなくなります。自分はもう死んでいるので、恥ずかしさも感じることはありません。

そして、このラスト・メッセージは、さらによい効果を生み出します。それは、残された相続人の間での紛争を防止する、ということです。遺言書の中で遺言者が、自分の家族に対する思いを残すことによって、残された家族は、遺言者の最後の意思としてその遺言書のメッセージを受け取り、そのメッセージを守ろうとするのです。

ここで、ある遺言書に付されたラスト・メッセージを紹介します【図22】。

図22

遺言書

1. 下記の財産を、妻花子に相続させる。
　①自宅土地建物（東京都世田谷区●●1－1－1所在）
　②マンション（東京都千代田区●●1－1－1 所在●●マンション101号室）
2. 下記の財産を、長男一郎に相続させる。
　預金（世田谷銀行普通預金123456）のうち1,000万円
3. 下記の財産を、次男二郎に相続させる。
　預金（世田谷銀行普通預金123456）のうち1,000万円

付言・家族へのラスト・メッセージ

妻へ

いつもありがとう。君がいなかったら、私はもっと早くあの世に逝っていただろう。暴飲暴食をしがちな私をいつもいさめてくれた君に「うるさい！　俺の勝手だ！」などと怒鳴って、手を上げたこともあるけれど、それでも君は何度でも「そんなに飲んだら体に悪いわよ」などと、体を張って私を止めてくれたね。結婚してから今まで恥ずかしくて「ありがとう」という５文字すら言えなかったので、ここでまとめて言っておきます。

私と結婚してくれてありがとう。２人の息子を産んでくれてありがとう。息子たちを立派に育ててくれてありがとう。家を守ってくれてありがとう。不甲斐ない私にずっとついてきてくれてありがとう。そして、この世に生まれてきてくれてありがとう。私は、君と過ごせて本当に幸せでした。私は、あの世でも、生まれ変わった後も、君にプロポーズします。

一郎へ
お父さんは先に逝くが、お前は長男だ。お母さんをよろしく頼む。お前は優しく、幼稚園の頃から、幼稚園でもらったお菓子を食べずに持ち帰り、二郎に分けてやってたな。二郎が近所でいじめられて泣いて帰ってくると、よく仕返しに行ってたな。お前が居間の絨毯にインクをこぼしてダメにしたとき、お父さんはさんざんお前を叱ったが、あれは、弟をかばったものだったんだな。後でお母さんに知らされて恥ずかしくなったとともに、お前の男気にほれぼれしたよ。
お父さんはいなくなるが、これからもその優しさを持ち続けて二郎と仲よくお母さんを支えてやってくれ。お母さんはいつも明るく振る舞っているが、本当はすごく寂しがりやなんだ。よろしく頼むぞ。

二郎へ
二郎よ。お前は昔から我慢強かったな。小さいころ、お母さんに甘えたいだろうに、甘えん坊の一郎にお母さんを独占されてもずっと我慢して一人でおもちゃで遊んでいたな。けなげだったよ。一郎にいじめられてもずっと我慢して、自分から謝っていたな。とても偉いと思ったよ。
お前のよいところは、そんな我慢強さだ。これからも引くところは引いて、我慢強く生きていってくれ。一郎を助け、お母さんを助け、家を守ってくれ。よろしく頼む。

平成27年1月1日
山田太郎 （山田）

自筆証書遺言にすべきか、公正証書遺言にすべきか？

さて、では、あなたが「よし、では、遺言書を書こう！」と思ったとき、自筆証書遺言にすべきでしょうか、それとも、公正証書遺言にすべきでしょうか？

私がお薦めするのは、

①今すぐ「自筆証書遺言」を書く
②その後、じっくり考えて、内容が確定したら、「公正証書遺言」を書く
③その後、考えが変わったら、「公正証書遺言」を作り直す

というやり方です。

理由をご説明します。本書の冒頭で、「持てる者は責任をも負担する」と言いました。財産を持つ者は、自分の死後、家族が争わないように準備しておく責任がある、ということですね。

そのために遺言書を書くわけですが、問題は、「人間は、自分が死ぬ時期をコントロールすることができない」ということです。もしかしたら、今日、あるいは明日事故などで死ぬことだってあるのです。

そう考えると、「では、年が明けてから遺言書を書こう」とか、「来年の誕生日に遺言書を書こう」とかは言っていられなくなります。すぐに書かなければなりません。

しかし、自分の築いた財産をどう分けるのが残された家族のためになるのかは、じっくり考えたいところです。また、自分の会社を誰に継がせるか、自分の子供なのか、あるいは会社を将来的に売却するのかなど、事業承継についても、税金の問題を含め、時間をかけて検討すべき課題です。したがって「今すぐ遺言書を書きましょう」といっても、なかなか内容を確定することができません。

それでも、自分の死期はコントロールできないのですから、すぐに書かなければなりません。そこで、まずは簡単に書いて、すぐに書き直せる「自筆証書遺言」を作成するのです。今、思いついた財産の分配方法で、書いてしまえばよいと思います。違う考えになったら、明日書き直すこともできるし、明後日書き直すこともできるのです。

そして、一応、紛争を回避しておいて、その後の事業承継を含めた最終的な相続プランを検討します。それが確定したら、遺言書の確定版として「公正証書遺言」を作成するのです。「公正証書遺言」は、無効になることが極めて少ないので安心です。しかし、それでも、その後考えが変わるかもしれません。そのときは、また、じっくりと検討し、「公正証書遺言」を作り直せばよいでしょう。

遺言書を書いておかないと、どうなるか？

では、遺言書を書いておかないと、相続はどうなるのでしょうか。この場合には、「話し合い」で遺産分けをすることになります。法律用語では、「遺産分割協議」といいます。遺産分割協議は、話し合いですから、当事者間で自由に決めることができます。たとえば、父親が亡くなって、残された家族が妻と長男、次男だとするならば、法定相続分は、妻が二分の一、長男・次男がそれぞれ四分の一です。しかし、みんなで話し合い、妻が一〇〇％の財産を相続するように決めたならば、そのとおりに相続されることになるのです。

遺産分割協議をして、内容が決まったら、「遺産分割協議書」を作成します。遺産分割協議書は、次のように記載します【図23】。

図23

遺産分割協議書

平成○○年○月○日、○○市○○町○丁目○番地、山田太郎の死亡によって開始した相続の共同相続人である山田花子、山田一郎、山田二郎は、本日、その相続財産について、次のとおり遺産分割の協議を行った。

1. 相続財産中、○○市○○町二丁目10番宅地150.40平方メートル及び同所所在家屋番号10番居宅木造瓦葺2階建て、床面積1階50平方メートル、2階30平方メートルの建物は、山田花子（持ち分2分の1）、山田一郎（持ち分4分の1）及び山田二郎（持ち分4分の1）の共有とすること。

2. 相続財産中、株式会社○○銀行○○支店の定期預金（口座番号12345）1000万円及び株式会社○○○の株式参千株（株券番号○○○○○○）は、山田花子の所有とすること。

右協議を証するため、本協議書を参通作成し、それぞれ署名、押印し、各自1通保有するものとする。

平成○○年○月○日

○○市○○町○丁目○番○号　山田花子　㊞

○○市○○町○丁目○番○号　山田一郎　㊞

○○市○○町○丁目○番○号　山田二郎　㊞

もし、当事者間で話し合いがまとまらなかったときは、家庭裁判所の調停に持ち込まれることになります。家庭裁判所の調停は、裁判所が相続人の間に入って、それぞれの意見を聞き、調整を行うことによって、合意による解決を目指すものです。

現状、一ヵ月か一ヵ月半に一度しか調停が入らないので、何年も調停が続くということもあります。そして、調停では、お互いに悪口を言い合う場面もしばしばあり、家族の仲に修復しがたい亀裂が生じることもあります。

そのようなことを考えると、やはり財産を持っている人は、残された家族のために、遺言書を残しておいた方がいいでしょう。

自分が死んだ後が心配になってきた

さて、前田氏が遺言書を書いて一年後、また前田氏が私を訪ねてきました。少し暗い声でした。事業で何かトラブルでもあったのでしょうか。

「社長、どうしました？　何かトラブルでも？　たまには私を使ってもらわないと、顧問料ばかりいただいても悪い気がしてきますよ」

「実は先生、長男が結婚することになりまして」

「ほー。それはおめでとうございます。ようやくお孫さんの顔が見られますね」

では、なぜ前田氏は暗い顔をしているのだろうか。

「それがね、先生。いいことばかりじゃないんですよ。一年前に遺言書を作ってもらったでしょ。それによると、前田金属工業の議決権のある株式、つまり前田金属工業をどうにでもできる権利は、すべて長男に相続されるじゃないですか。そこですよ」

「いや、社長。それがお望みだったはず。次男が議決権のある株を相続するのを避け、経営の右腕である長男に議決権のある株を集中させるというのが、前回の遺言書のミッションだったはずですが。それと、前田社長が亡くなる前に、前田金属工業の株式を議決権のある株式と、議決権のない株式にしておかなければなりません」

私は、前田氏が何を言いたいのかわからなかったので、前回の遺言書の経緯を振り返る形で反論しました。すると、前田氏は、身を乗り出して話し出しました。

「先生、そこですよ。長男が結婚した後に、子供を作って、すぐ死んじまったら、どうなりますか?」

「それはまた物騒な。また相続を考えなければなりませんね。相続人は……と。まず

図24

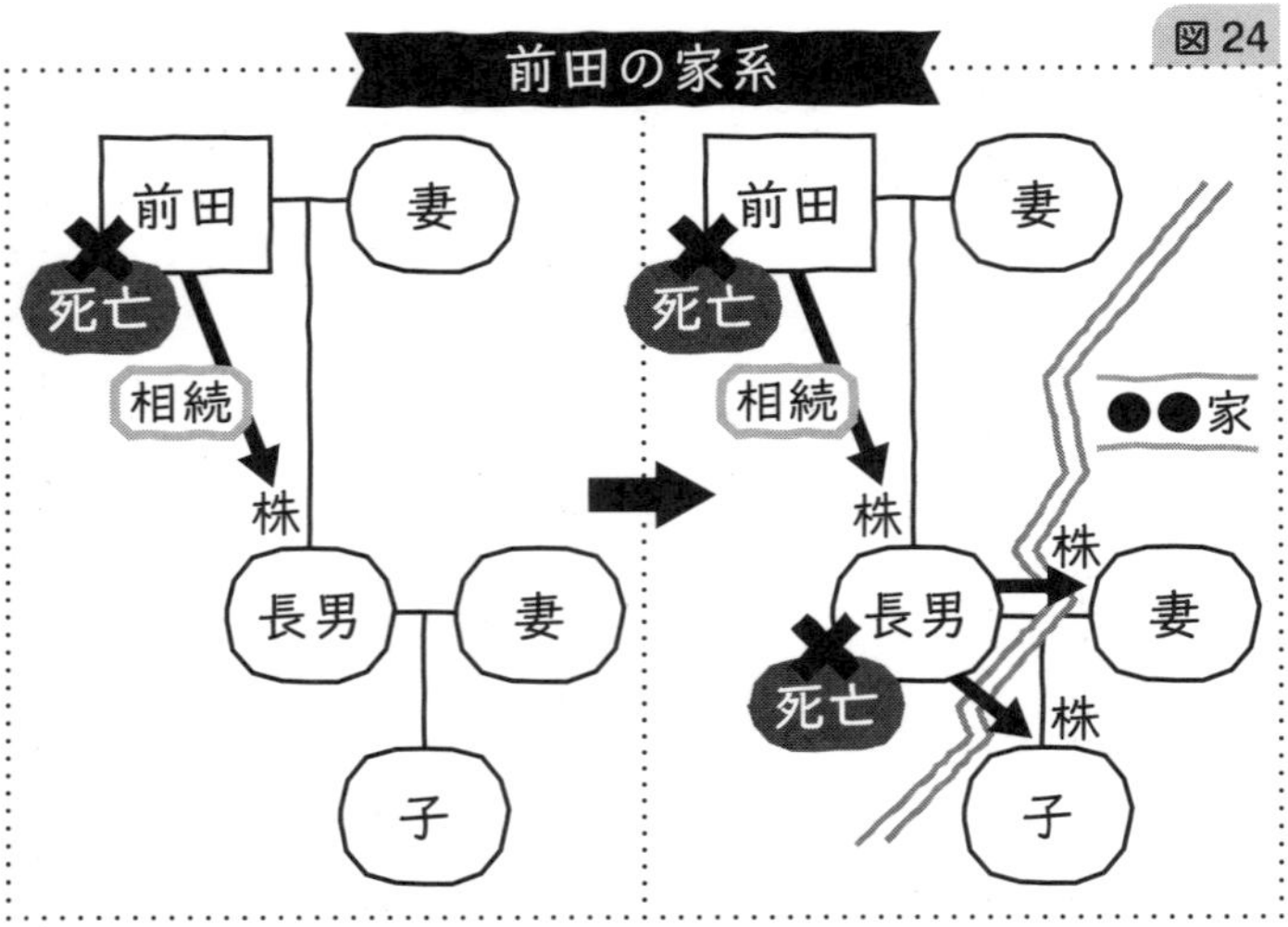

奥さんですね。それからお子さんが生まれていたら、そのお子さんです。法定相続分は、二分の一ずつです」

「そうでしょう！　先生。長男が結婚して、子供を作って、私が死んだ後にすぐ死んじまったら、前田金属工業を支配する株式は、全部、私から見て他人である妻と子供のところにいってしまうんですよ。どういうことかわかりますか。妻も子供も前田家の人間じゃない。つまり、前田金属工業は、前田の家系から別の家系に一瞬で移ってしまうんですよ」【図24】

「でも社長、そんなことまで心配しても、仕方ないでしょう。そんなことまでいちいち心配してたら、夜も眠れませんよ」

「いや、そうなんですよ、先生。最近、夜眠れないんですよ。私は自分が死んだ後も家族が平穏に暮らせるようにしてやりたいのです。前田金属工業の株を、なんとか前田家の家系に残す道はないでしょうか」

「いったん相続し、議決権のある株式がすべて長男の所有になった場合、その株式をどうするかもすべて長男が決めることができます。長男が前田家に残したいと思えばそのような遺言書を書くでしょうし、妻と子供に残したいと思えばそのような遺言書を書くでしょう。それは、社長が決めることではありません。ご心配であれば、今のうちに長男に『前田金属工業の株式は長女に遺贈する』という遺言書を書かせておけばよいのではないでしょうか」

「なるほど。その方法で守れますね。では、早速長男に遺言書を書かせることにしましょう」

「社長、ただし、この方法は完璧ではありません。遺言書は、いつでも、何度でも書き換えることができます。そして、遺言書を書き換えた場合、効力を持つのは、最後に書いた遺言書です。最後の意思が優先されるのです。ですから、今、長男が遺言書を書いたとしても、社長が亡くなった後、いつでも書き換えることができるのです。そして、前田金属工業の株式が、妻と子供のものになってしまうこともありうるのです」

前田氏は、悲嘆にくれて言いました。

「先生、それは、どうにもならないのでしょうか。この日本は中小企業が支えています。相続で株式が分散したら、中小企業は分裂し、発展は望めません。中小企業の発展を阻害するような、こんな相続制度はおかしいのではないですか！」

前田氏のすがるような眼差しを見ていたときに、ふと思いついた。前田氏の望むことを実現する方法があったのです。

「社長、その願い、叶えられるかもしれません。そのために、少しお聞きしたいことがあります。もし、長男が亡くなったら、前田金属工業の株式は、誰に引き継がせたいのですか?」

「そのときは、長女に継がせたいと思います。長女は、長男を立ててはいますが、経営センスがあります。長女が継いでくれれば、前田金属工業は生き延びることができると思うのです」

「わかりました。では、社長が亡くなったときは、前田金属工業の株式のうち、議決権のある株式はすべて長男に、長男が亡くなったときは、その株式全部は長女に移る、ということでよろしいですか？　それは、必ずしも株式の所有権ではなくても、議決権を行使して、前田金属工業をコントロールできれば、それでよろしいですね？」

「先生、言ってることがちんぷんかんぷんで、さっぱりわかりませんよ。株式の所有権がないと、議決権なんか行使できないでしょう？」

「仕組みは改めて説明しますが、社長の希望を整理しておきましょう」

私は、リーガルパッドに図を書いて、前田氏が理解しやすいように説明しました。

「前田社長が亡くなった場合、前田金属工業の議決権のある株式は、すべて長男に相続されます。その後、長男が亡くなったときには、前田金属工業の議決権のある株式は長男の妻や子供には相続されず、前田社長の長女に移転します。ただ、ここで長男や長女に移転するのは、株式の所有権そのものではなく、議決権や配当を受ける権利などの株式の『実質的な所有権』のようなものです。専門用語では、信託における『受益権』『指図権』といいます。この**受益権と指図権をまず長男に、長男が亡くなったときは長女に移転させておけば、前田金属工業の株が前田家から流出することはあ**

図25

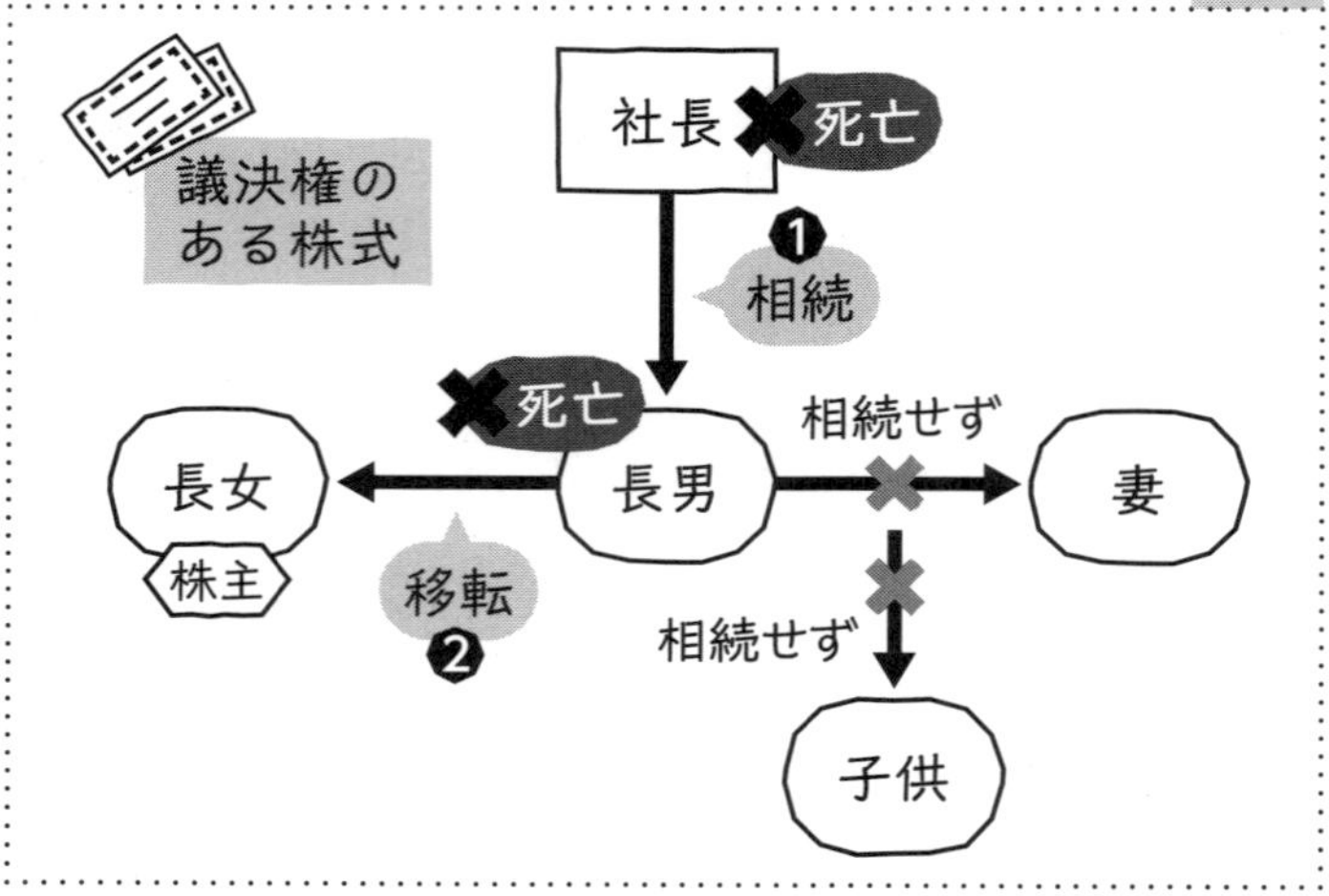

りません」【図25】

「しかし、先生、そんな都合のいいことができるんですかい？　法律は頭が固いと思ってましたけど」

「普通の遺言書ではできません。遺言書は、自分が死んだ後に、財産をどうやって分けるか、ということまでしかできません。自分が死んだ後、その財産を持った者が死んだときのことまで決めることはできません。株式を長男にあげた以上、後は、その株式をどうするかは、長男の自由なのです」

「そうでしょう、先生。それが常識です。自分の物になった株式を自由にできないんじゃ不自由極まりないですからね。でも、なんでそんなことができるんです?」

「実は、平成一八年に『信託法』という法律が改正されまして。その信託法を使えば、さきほどのようなことが可能になるのですよ。ところで社長、ちょっと質問したいのですが、社長は、私のことを信用していますか?」

「何言ってるんだい、先生。水くさい。先生にはもう二〇年間も会社の顧問弁護士をやってもらっている。信用してるに決まってるじゃないか」

「ありがとうございます。では、今回、前田金属工業の株を管理する一般社団法人を新しく設立して、その法人の理事長に私が就任し、遺言によって社長の株式のうち議決権のある株式を全部その一般社団法人に信託します。社長なき後は、長男の指示に従って株式を管理運用し、議決権を行使し、長男が亡くなった後は長女の指示に従って株式を管理運用する、という仕組みでもよろしいですか? 同意いただけるなら、社長の希望は叶えられます」

前田社長はしばらく考え込んでから口を開いた。

「わかりました、先生。すべてお任せします。私の希望は叶えられるのですね。ところで、『信託』って、あの金融機関が扱っている遺言信託や投資信託のことですかい？」

「そうとも言えるし、そうとも言えません。信託銀行のサービスはだいたい決まった商品ですが、法律としては、『信託法』はとても柔軟性のある法律で、思いもよらないことが可能になるのです。では、早速、社長の望みを叶えるようなスキームを設計しますね。できあがったら、改めてご連絡します」

前田氏は、多少不安げな表情を残しながら、私の事務所を後にしました。

ここで、信託の仕組みを簡単に説明します。信託における基本的な登場人物は三人です。委託者、受託者、受益者の三人です。委託者は、財産を委託する人です。今回は、前田社長ですね。受託者は、前田社長から財産を委託され、管理運用する人のことです。今回は、管理会社です。そして受益者は、その財産から利益を受ける人です。今回は、社長が亡くなった後は長男です。そして、長男が亡くなった後は、受益権は長女に移転します。これは、相続ではありません。民法における相続の原理に従うと、長男のものになった受益権は、長男がなくなった時点で相続財産となり、妻と子供に相続されます。しかし、**信託によって、「長男が死亡したら、受益権と指図権が長女に移転する」と規定しておくことによって、受益権は相続されず、長女に移転するこ**

図 26

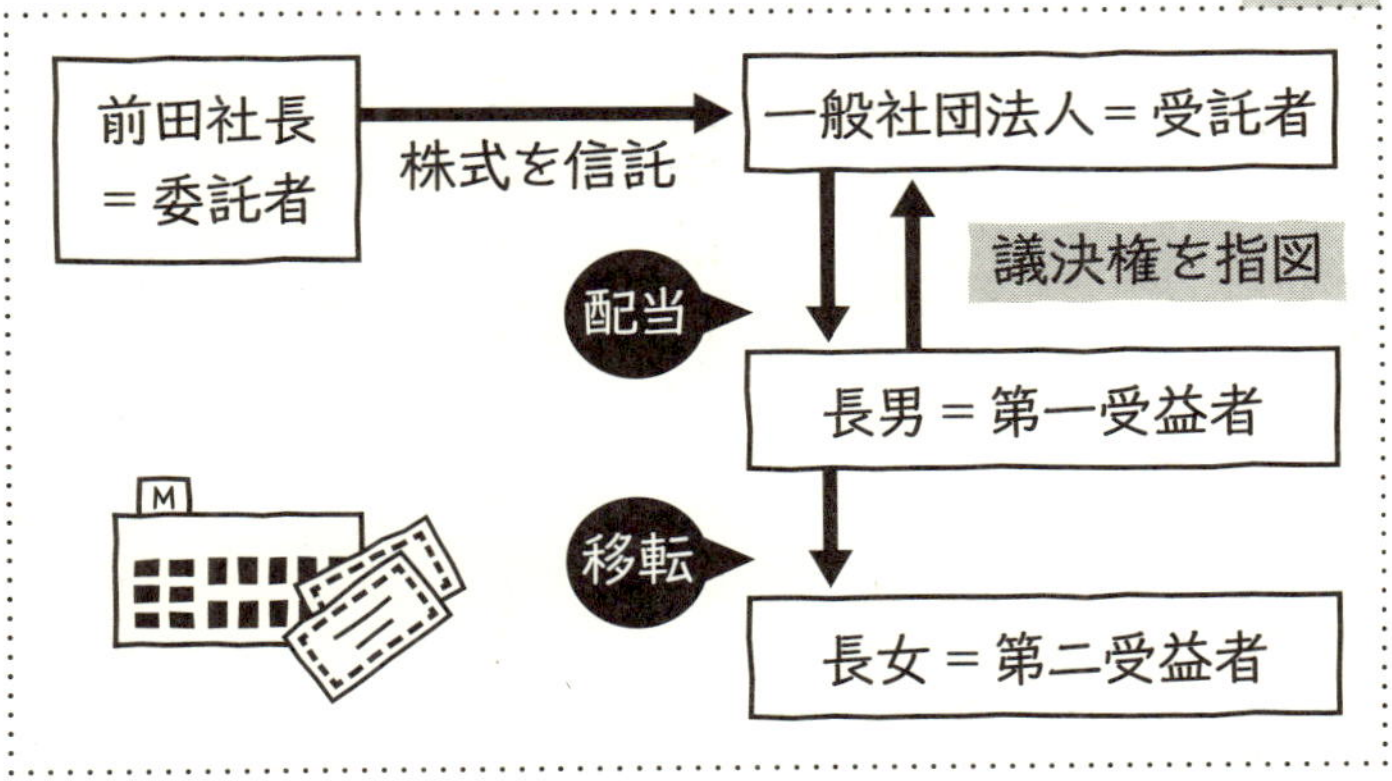

となるのです。

ただし、この受益権の移転が遺留分減殺請求の対象になるかどうかは、本書発行時点で判例が見当たらないのですが、別途遺留分対策をしておく必要があるでしょう。

この信託の仕組みを使うことによって、通常の遺言書ではできなかった、長男死亡後の財産の支配も可能となるのです。

図に書くと、このようになります【図26】。

ところで、今回の仕組みにすると、一年前に作った遺言書と矛盾する内容が出てくるので、新しく遺言書で信託を設定することにしました。

すでに書いたように、遺言書は一度しか作れないものではなく、何度も書き換えることができます。そして、一度作っても後で違う遺言書を作り直すと、後に作った遺言書が有効になり、前に作った遺言書は、後に作った遺言書に抵触する部分を撤回したことになってしまいます。

今回も、新しく遺言書を作り直すことになったので、前の遺言書を破棄しておきました。

これでまた事業に専念できますね、前田社長！

人の気は変わるもの

その一年後、また前田社長から相談があると連絡がありました。私は、「また相続じゃないだろうな」と不安に感じながら、会議室に入って行きました。

「どうも！　社長。また一年ぶりですね。その後、いかがですか？」

社長は、大きくため息をつきました。

「はあー。人生、うまくいきませんねぇ。若いときに創業して、おかげさまで事業はなんとかここまで操縦することができたのですが、家族の心が操縦できないとは」

「何かあったのですか？」

「最近、妻と長女の仲がよくないんですよ。長女が結婚したせいかもしれませんが、家にも来ないし、妻にお金ばっかり無心しているんです。夫はちゃんとした公務員だから、生活は困っていないはずなんですがね」

社長はグチを言いにだけ弁護士事務所に来るような人ではないので、私は慎重に社長の話に耳を傾けました。すると、話は展開していきます。

「以前に先生に作ってもらった遺言書だけど……」

社長は、申し訳なさそうに私の方を見ました。

「あの遺言書だと、長女にマンションを相続させることになっています。しかし、それは、マンションの収益で妻と長女の生活を賄おう、という趣旨でそうしたものです。ところが、今の状況を見ると、長女にマンションを残しても、その収益を夫婦で取ってしまって、妻の生活費に回らないのではないかと思えるのです。子供を疑っちゃいけませんが、配偶者ができると人は変わると言いますからねぇ」

社長の話を総合すると、長女はすでに地位が安定した公務員と結婚したので、離婚さえしなければ生活はできるとのこと。しかし、妻は、家が残っても生活するための資金は預金しか残っておらず心許ないため、マンションを残してやりたい。そうすると、以前の話のように、長女の遺留分が発生するので、またトラブルになりかねないから、どうしたらいいかわからない、ということでした。

「先生、法律の力でなんとかなりませんか?」

「つまり、社長の財産の中から、奥様に安定的に生活費を支給し、かつ、長女の遺留分減殺請求によって奥様と長女が争うことがないようにすればいいわけですね」

「そうそう。そういうことですよ。先生は理解が早くて助かりますよ。で、そんな方法があるんですかい?」

さすが一代で前田金属工業を築いたビジネスマンです。すぐさま結論に切り込んできます。

「もちろんです。ちょっと計算してみないとわからないのですが、要するに、奥様が生きている間は、マンションの収益が奥様に給付されて、奥様が亡くなったら、マンションの収益が長女に給付されるようにすればいいわけですね」

「そうそう。そうなんですよ。先生、できますか?」

「こういう感じでどうでしょうか。これも信託という制度を使うのですが、まず、マ

図27

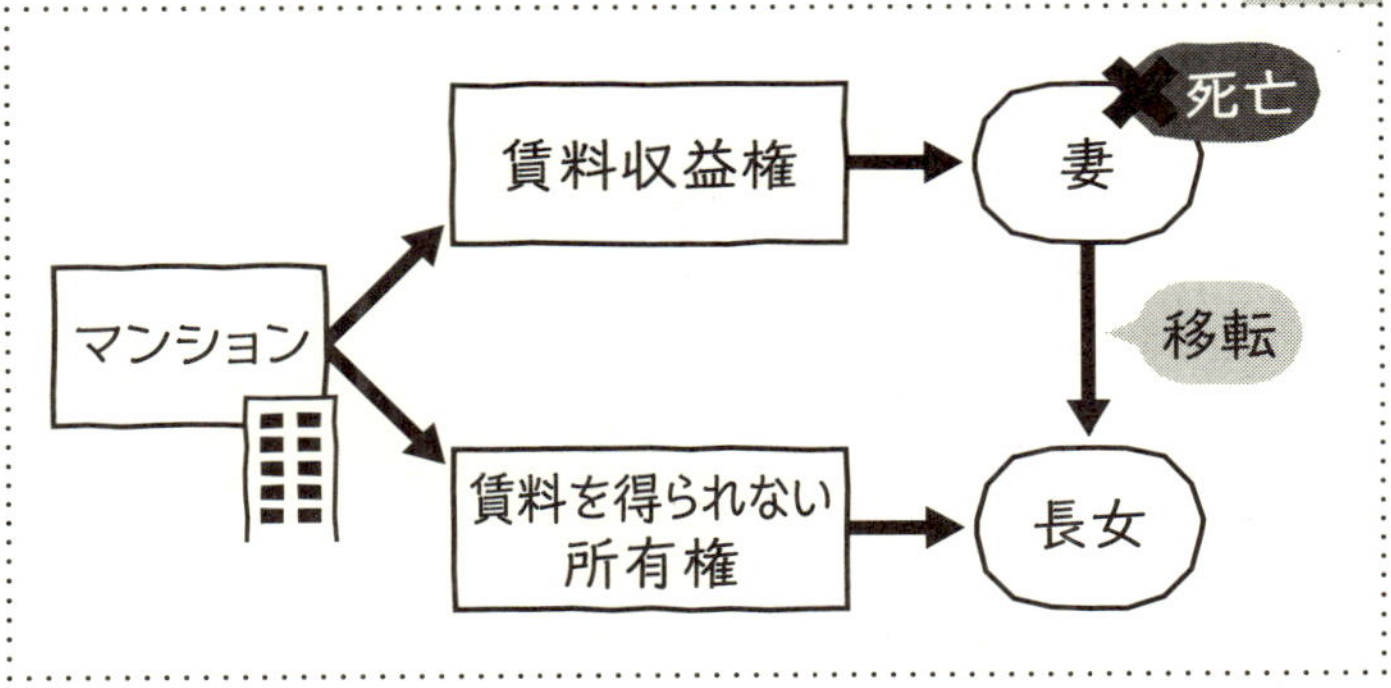

ンションに関する権利を二つに分けます。それは、マンションから毎月発生する賃料を受け取る権利（収益権）と、マンションそのものの価値（元本所有権）です。そして、**収益権を奥様に、所有権を長女に相続させる**のです。そして、奥様が亡くなったら、収益権も長女に相続させれば、その時点で完全な所有権が長女のものになります。その結果、どうなるかというと、奥様が生きている間は、マンションからの収入は奥様に入るので、生活が安定します。そして、奥様が亡くなった後は、マンションの収入もマンションを売却する権利も長女に移転するのです」

私は、図を書いて説明しました【図27】。

社長は話を聞きながら、しきりに感心していました。

「へえー！　そんなことができるんですかい？　マンションを収益権と、元本所有権に？　なんだかよくわかりませんが、とにかく妻の生活は守られる、ということですね。先生、ひとつそれでお願いしますよ」

このスキームは、一年前に作り直した遺言書と矛盾するので、また作り直すことになりました。私は、これが最後になるといいなと思いながら、夜中まで遺言書作成作業を続けました。

これも、一般的な考え方からすると、受け入れにくい考え方だと思います。マンションの所有権は、一個の所有権であって、妻なら妻、長女なら長女のものになるはずです。あるいは、共有として、お互いが等しい権利を持つはずです。しかし、**マンションを信託財産にすると、そのマンションの権利をいろいろと細分化できる**のです。今回のように、賃料を受け取れる「収益受益権」と所有権そのものである「元本所有権受益権」（元本受益権）に分けたり、「五年間賃料を受け取れる収益受益権」などのようなものに細分化することも可能です。**信託を使うと、非常に自由度が高くなり、本人の希望に沿った相続の設計ができる**、ということです。

やはり孫はかわいい

私の期待に反し、その一年後、また前田社長は私の事務所に相談に来ました。

「社長、ま、また何か問題ですか？」

私は尋ねましたが、意外にも前田社長の顔は明るく、こんなことを話し出しました。

「実はね、先生。長男に子供が生まれましてね。私にとっては初孫です。孫の顔を見ぬうちは死ねないと思っていましたが、ようやくですよ。もう可愛くて仕方ありません」

ああ、よかった。私は安堵しました。しかし、それを自慢しに来たわけではないはずです。しばらく孫の話をした後、前田社長は、次のように言いました。

「先生には、遺言書を何度も作り直してもらって迷惑をかけていますが、この遺言書に孫を入れることはできるでしょうか。というのは、私が死んじまったら、私の財産は、全部妻や子供たちにいっちまって、あとは本人たちがどう処分しようと自由なわけでしょう。そうすると、長男だって会社をつぶすかもしれないし、財産も全部なくしてしまうかもしれない。でも、先生、私は孫のために財産を残してやりたいんですよ」

もちろん、遺言書で預金の一部を孫に遺贈することはできます。しかし、孫は生まれたばかりですので、孫にお金を遺贈するといっても、実質的には親が自由に使える財産になってしまいます。前田社長はそれでは意味がない、と言います。孫の親、つまり前田社長の長男夫婦の自由にならないように、真に孫の発育に合わせて使えるような残し方をしたい、と言うのです。

私は、また信託法を使うしかないな、と思い、少し考えてから前田社長に提案しました。

「社長、それはお孫さんにお金を残すということでしょうか。それとも何か他の物を残すということでしょうか？」

「やっぱり方法があるんだね、先生。孫にはお金を残してやりたいと思うんですよ。だいたい何歳だといくらくらいかかる、というのがわかるでしょ？　それにあわせて私の預金から取り崩して、孫、まあ、実際には親になるんでしょうが、にあげるようにしたいんですよ。**今は信託銀行で『教育資金贈与信託』というのがあるそうですが、**

それは教育資金だけに縛られるそうなんで、それよりもっと柔軟に孫にお金をあげていきたいんですよ。できますか?」

「ええ。できます。しかし、そうすると、前田社長が亡くなってから、預金を管理して、毎年取り崩してお孫さんに渡してゆく役目が必要になりますね。誰か心当たりは、ありますか?」

「そうですねえ。誰でもいいんですか? たとえば税理士とかでも……」

「ええ。大丈夫です。信用できる方であれば、誰でも。ただし、信託業法の関係で、営業のために信託業を行うには免許がいるんですよ。諸説あるところですが、無報酬でやっていただければ大丈夫だとは思います」

前田社長は、少し考えて、次のように言いました。

「付き合いが長いので、頼んでみます。あと二つ問題があります。一つ目は、税理士さんとは言っても、他人ですからねえ。何があるかわからない。先生が定期的に資金使途を確認していただくことはできないんですかい?」

「できますよ。信託法には、『信託監督人』という制度があります。私を『信託監督人』に指定することによって、お孫さんの代わりに税理士さんの任務を監督することができます」

「おおっ、先生が監督してくれるんなら安心だ。ぜひ、それでお願いします」

「ただし！『信託監督人』は報酬を得ても大丈夫なので、私には報酬が発生しますよ」

「先生は抜け目がないねぇ――」そう言って、前田社長は笑いました。

「先生、もう一つですが、実は税理士さんは、そんなに若くないんですよ。この信託が完了する前に税理士さんが死んじまったら、どうなってしまうんですか？」

「税理士さんが亡くなったときに、誰を新しい受託者にするか、を決めて信託の内容にしておけば大丈夫です。先の先まで読んで、信託の内容を決めることが大切ですね」

そして、私は、また前田社長の遺言書の書き直しをすることになりました。内容は、次のようになりました。

前田社長の現金預金一億八〇〇〇万円のうち、三〇〇〇万円を前田社長の死亡後、顧問税理士に預け（信託をし）、税理士が、毎月、約束に従ってお金をお孫さんの銀行口座に振り込みます。毎年一回、税理士さんは、私に銀行預金通帳を開示して調査を受けることになります。そして、お孫さんが二〇歳になったときに財産が残ってい

図 28

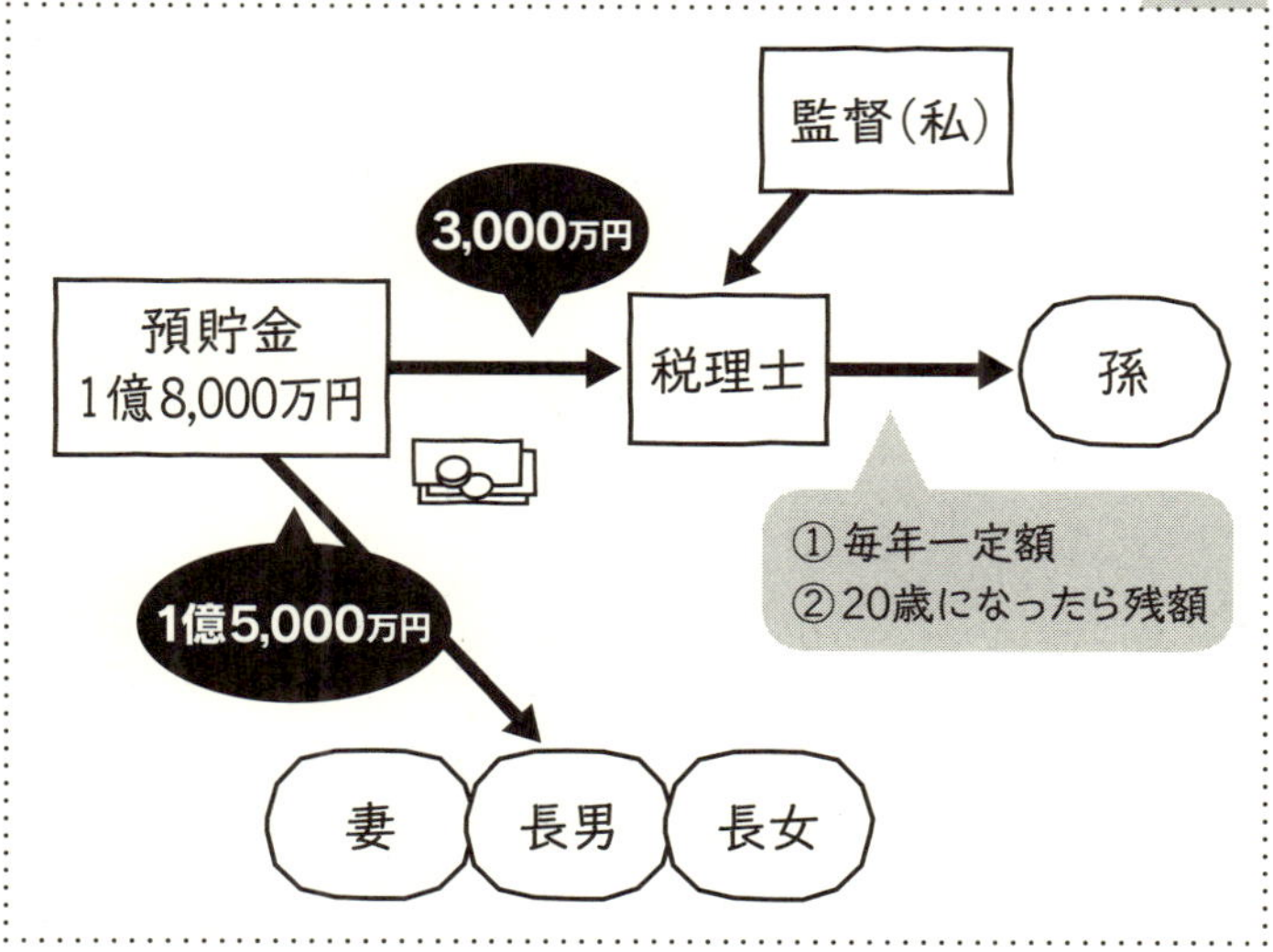

れば、それを全額お孫さんの銀行口座に振り込む、という内容です［図28］。

遺言書が完成すると、前田社長はニコニコして帰っていきました。

また、来年もあるのかな……、私は夏の夕方のそよ風にあたりながら、そんなことを考えました。

株の生前贈与へ

また一年後、前田社長から連絡があり、事務所にやってきました。この頃になると、毎年の恒例行事になってきて、私も心待ちにするようになっていました。さて、今回は、どんな難題を持ってきてくれるのだろうか。私は、ワクワクしながら、前田社長を待っていました。

「よう。先生、今年もまた財産の相談に来ましたよ。でも、実は今年は相続じゃないんですよ」

私は毎年の遺言書改定業務ではないと知って多少がっかりしましたが、ではなんだろう、と思ってその先の言葉を待ちました。

「実はね、先生。前田金属工業の株、ああ、「受益権」てやつですか、は、遺言書で長男に譲ることになっているでしょう。実は前田金属工業の株価の評価が今後も上がりそうなので、税理士さんとも相談して、株を今のうちに長男に譲ろうかと思ってるんですよ。相続で株を相続させると、株の評価額が高くなって、相続税が高額になりそうだ、ということなのです。ただ、長男は経営者としてはまだまだです。当面は私が経営した方がよいと思っていますが、譲って会社の支配権が手に入った途端、間違った経営をされても困るし、もし贈与した後長男が死んじまったら、相続は妻と子供でしょ？　一瞬で前田家の家系から流出してしまいますでしょ？　株を生前に長男に贈与するけれども、長男が死んじまったら、株が長女に移転する、てなことはできませんかね？　前回は、相続で株を長男に相続させて、長男が死んだら、株を長女に移転させたでしょ？　似たような感じだから、できるんじゃないですか？」

確かに、株を生前贈与してしまうと、その時点で前田金属工業の支配権はすべて長男に移ってしまいます。前田社長が代表取締役に残っていたとしても、長男はいつでも前田社長を解任することができます。それでは会社が不安だ、ということです。また、長男が亡くなったときには相続が発生しますが、長男の相続人は、長男の妻と子なので、前田金属工業の株は、すべて長男の妻と子に移転してしまいます。それを避けたい、ということです。それなら生前贈与などしなければいいじゃないか、ということになりますが、税務対策として、できれば生前に贈与したい、というのが前田社長の意向でした。

こんな複雑なスキームは、やはり信託法を使うしかありません。

私は前田社長に説明しました。

「今回は、税務対策として、ということですから、株の所有権そのものを渡す必要はありませんね。つまり、株があたかもご長男に移転したかのような税務上のメリットがあればよい、という考え方でよいでしょうか。法律上は、『株を信託して、その受

図29

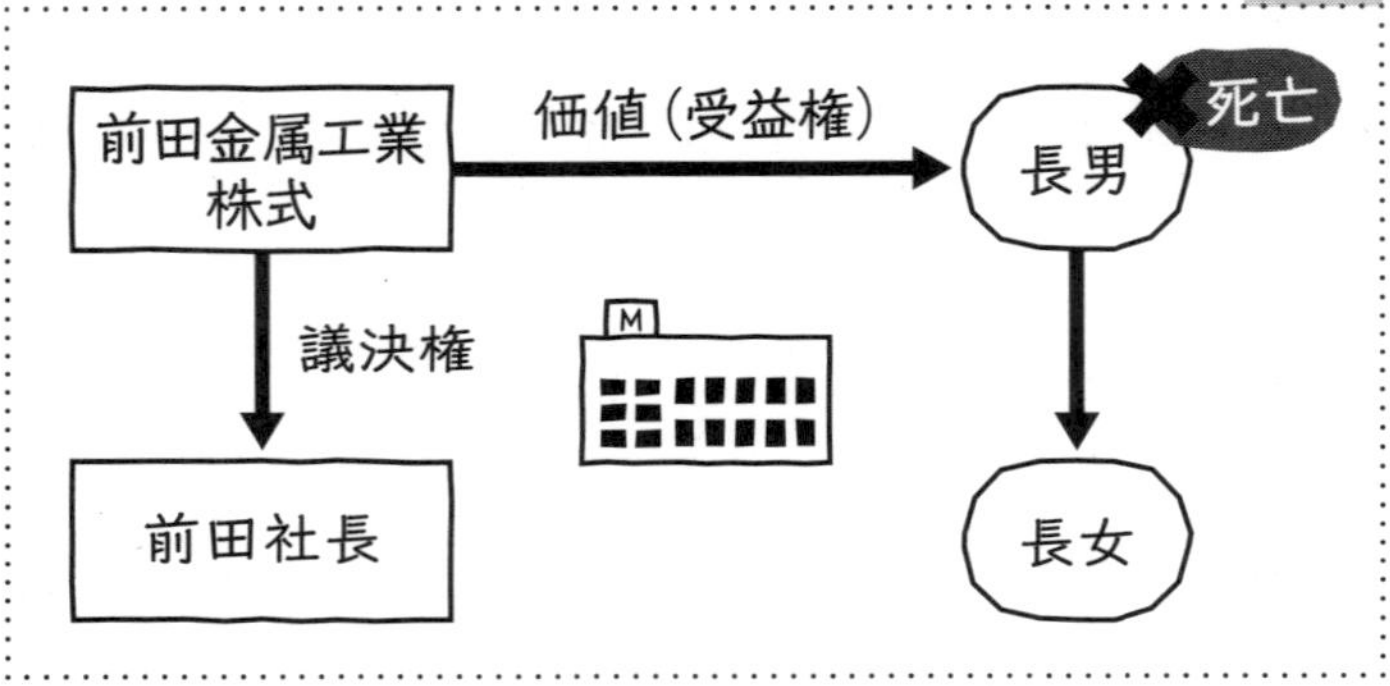

益権を長男に設定する』ということですが……」

「ええ。すべて先生にお任せしますよ。うまくやってください」

今回は、遺言書の書き直しではなく、「自己信託」をすることになりました。**自己信託というのは、自分の財産を自分に信託にする（自分が「委託者」であり、「受託者」でもある）というもの**です。前田金属工業の株について、前田社長が信託を設定し、その価値分を「受益権」として長男に付与します。

しかし、株の権利行使などは前田社長が引き続き行いますので、前田金属工業は、これまでと変わらず前田社長が経営を続けます。そして、前田社長が亡くなる前に長男が亡くなったときは、長男に付与した受益権は、長女に移転するようにしておきます【図29】。

このように、**信託は、事業承継においても威力を発揮します。事業承継では、さまざまな権利関係の承継が必要となり、また、税金対策も必要**です。

株式会社で言えば、代表取締役を誰がやるか、株式を誰が所有するか、という問題があり、株式が移転すれば、税金の問題が発生します。

「今のうちに株は長男に譲渡したいが、会社の支配権は私が持っていたい」

「株も、会社の支配権も長男に譲渡したいが、一定の場合には、私に戻ってくるようにしたい」

「株は長男と次男に譲渡したいが、会社の支配権は私が持っていたい」

など、さまざまな事情により、さまざまな希望があると思います。信託制度を利用すれば、かなり柔軟に希望を叶えることができるのです。

前田社長は、自己信託が完成すると、安堵した表情を浮かべ、「いや、先生、この数年間、毎年ありがとうございました。これで私もいつ死んでも安心ですわ。わっはっは」

私は、前田社長を送り出しながら、これは、また来年も来るかもしれないな、と感じていました。

第二章

思いどおりの相続を信託で実現する

1　信託を理解するための基本知識

信託の特徴

前章の物語では、前田社長の要望に従って、色々な信託を設計しました。少し複雑だったかもしれませんね。結局、信託とはどんな場合に使えるのでしょうか。いくつかイメージしていただきたいと思います。

それを考えるためには、信託の特徴を知っておくことが必要です。信託は次のような場合に使えます。

1．自分の財産を誰かに信託すると、自分で管理しなくてよくなる

自分の財産を誰かに信託すると、その財産を自分で管理しなくてよくなります。た

とえば、**老齢で自分で管理できない不動産を息子や信頼できる第三者に信託し、管理運用してもらって、その収益を分配してもらう**ということができます。この場合でも、息子や第三者は信託契約の内容に縛られますから、勝手に売却したりすることはできません。それでもなお心配であれば、さらに信頼できる第三者を監督者（信託監督人）としてつけることができます。

痴呆になったときに信託が発動し、その後、自分のために管理運用、あるいは売却してもらい、そのお金で施設に入るというようなこともできます。

また、犬や猫などのペットに関する信託などというものもあります。高齢ながらペットを飼っている場合、自分が痴呆になっていつペットを飼育できなくなるかもしれないというときに、いくらかのお金を第三者に信託し、自分が痴呆になった際は、そのペットの死亡までの間、飼育してもらうこともできます。この場合も履行を確保するために、お子さんや第三者に信託監督人になって監視してもらうことができます。

2. 自分の財産を誰かに信託すると、後は信託の内容に従って運用される

自分の財産を誰かに信託すると、その後は信託の内容に従って運用されることにな

ります。信託した後、「やっぱりやめた」と思っても、**自分で解除できるような取り決めにしておかないと解除できず、信託の内容に拘束されます**。したがって、自分で持っていると不安な場合に使えます。たとえば、多くの財産を持っているが、子供たちが資産を狙って今のうちから争っている、というような場合、信託を設定してしまえば、本人にも自由にできなくなるので、子供たちは諦めざるを得なくなります。

3．自分の財産を誰かに信託すると、自分の財産ではなくなるので、強制執行の対象ではなくなる

自分の財産を誰かに信託すると、所有権が受託者に移ります。したがって、**自分の債権者は、その財産について強制執行することができなくなります**。ほとんどの中小企業の経営者は、会社が銀行から借り入れた借金について連帯保証しています。会社の調子がよいときはいいのですが、いつリーマンショックのような事態が起きるかわかりません。いつ倒産するかもわかりません。そのような場合、せっかくためた資産や自宅などを差し押さえられて、取られてしまいます。しかし、信託を設定しておくと、その財産には強制執行ができなくなります。したがって、そのような**資産保全目**

的で信託を利用することもできます。

ただし、自分に受益権を残した場合は受益権を差し押さえることはできますので、これを贈与するなりしておく必要はあります。

4. 信託を設定しておくと、相続が発生しても柔軟に遺産分けできる

信託を設定すると、財産は「受益権」に変わります。不動産を残して死亡すると、その不動産を巡って遺産争いが起きます。しかし、受益権にしておくと、争いの対象は受益権になります。**受益権は自由に分割可能ですし、収益受益権と元本受益権などという種類にも分けることができるので、柔軟に遺産分けをし、相続争いを防ぐことができます。**

信託の歴史

前章で「信託」という言葉が出てきました。「信託」というと、一般的には、信託銀行にお金を預けたり、投資信託を購入したり、というイメージがあると思います。

しかし、「信託」は、とても応用範囲の広い制度で、これらにとどまるものではありません。

そこで、まずは信託の歴史から見ていきましょう。

信託は、一般的には、原始ゲルマン人が、集団的な移住を繰り返す中で財産を守るために自然発生的に生じたもの、と言われていますが、中世イギリスで活用が活発化したとされています。その理由は、十字軍や百年戦争などの戦争です。

十字軍などで遠い戦地に行かなければならない戦士は、自分の留守中、自分の財産をどのように管理するかに悩みます。また留守中の妻子の生活に対する不安もあります。そこで、彼らは、自分の土地などの財産を、自分の留守中、信頼できる友人に管理を託し、その土地からの収益を、妻子に渡して生活を確保させ、もし自分が無事に戦地から帰ってきたら、その土地を返還してくれるよう託したのです。

託された友人は、その約束に従って、戦士の留守中は土地を管理し、その収益から報酬を得て、その残りを戦士の妻子に渡します。

中世イギリスで戦争に行く戦士たちは、そういう工夫をして、家族と財産を守ったと言われています。これが信託が生まれてくる土壌となり、制度としては、「ユース」と呼ばれていました。

そして、それが次第に法制度として整備され、「トラスト」（信託）という制度へと発展していったのです。

したがって、信託という制度は、もともと財産を持つ者が、自分の家族と財産を守るために生まれてきた制度なのだ、ということを確認しておきましょう。

財産を持たない者は、わざわざ信託をする必要がありません。先の前田金属工業の前田社長も財産を持っており、会社を持っており、それらを自分が死んだ後、どうするかに苦悩していたのです。そして、その財産を守るために信託が大活躍した、ということになります。

日本においては、信託法は、大正一一年法律第六二号で成立しましたが、平成一八年法律第一〇八号として生まれ変わり、それに合わせて平成一九年税制改正において、信託税制が見直されて現在に至っています。

日本では、信託というと、一般的には信託銀行が販売する「投資信託」を思い浮かべます。しかし、信託法に定める信託は、投資信託に限らず、さまざまな場面で利用可能な使い勝手のよい制度になっています。先に見た前田氏の相続問題でも、信託を

図30

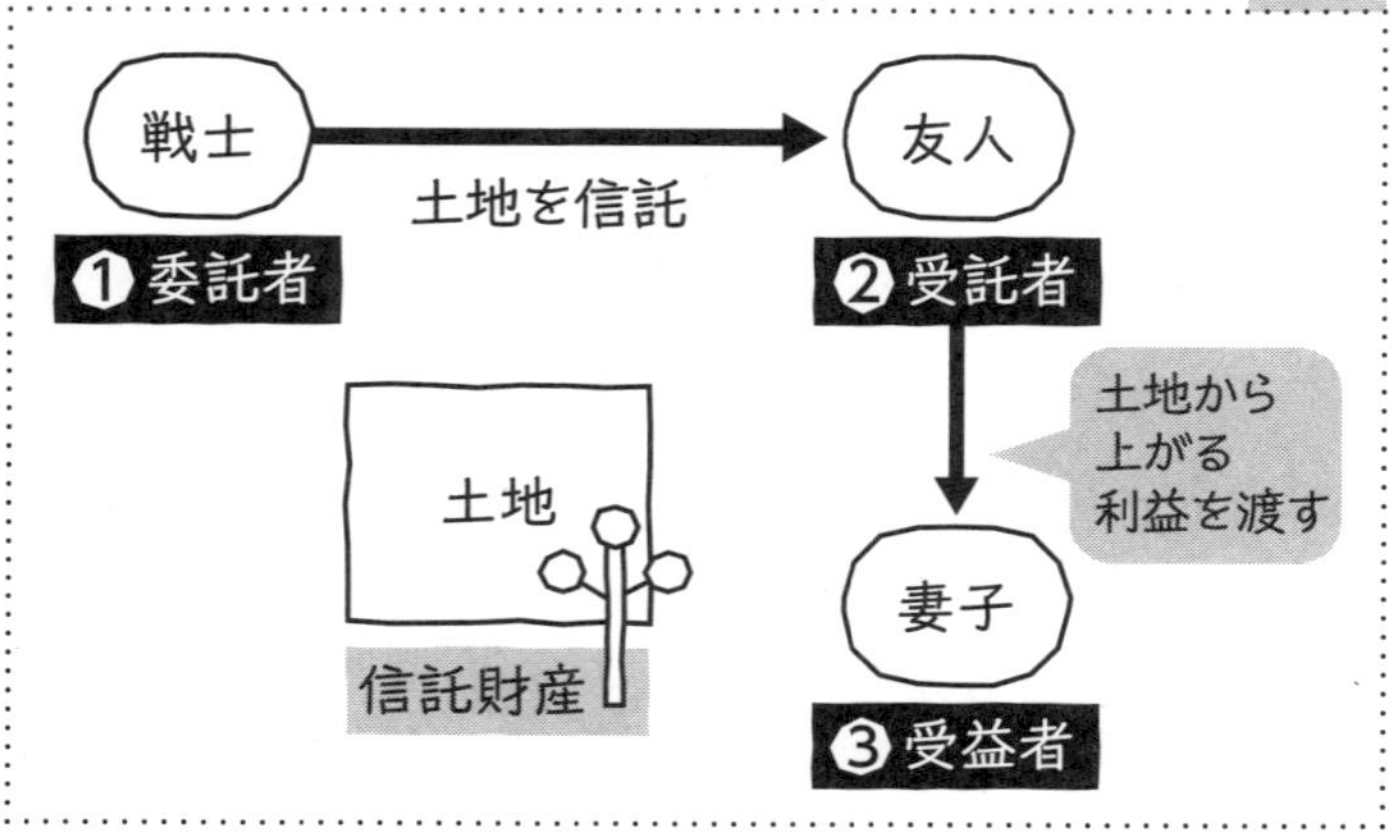

縦横無尽に活用して解決を図っていることからもご理解いただけると思います。
これから、その信託制度について、説明をしていきます。

信託における登場人物

信託における主な登場人物は、①委託者、②受託者、③受益者の三者です。

先のゲルマン人の例で言うと、「委託者」は「戦士」、「受託者」は「友人」、「受益者」は「妻子」です。

そして、戦士から友人に託された土地や財産のことを「信託財産」と言います。

これを図にすると、【図30】のようになりま

図31

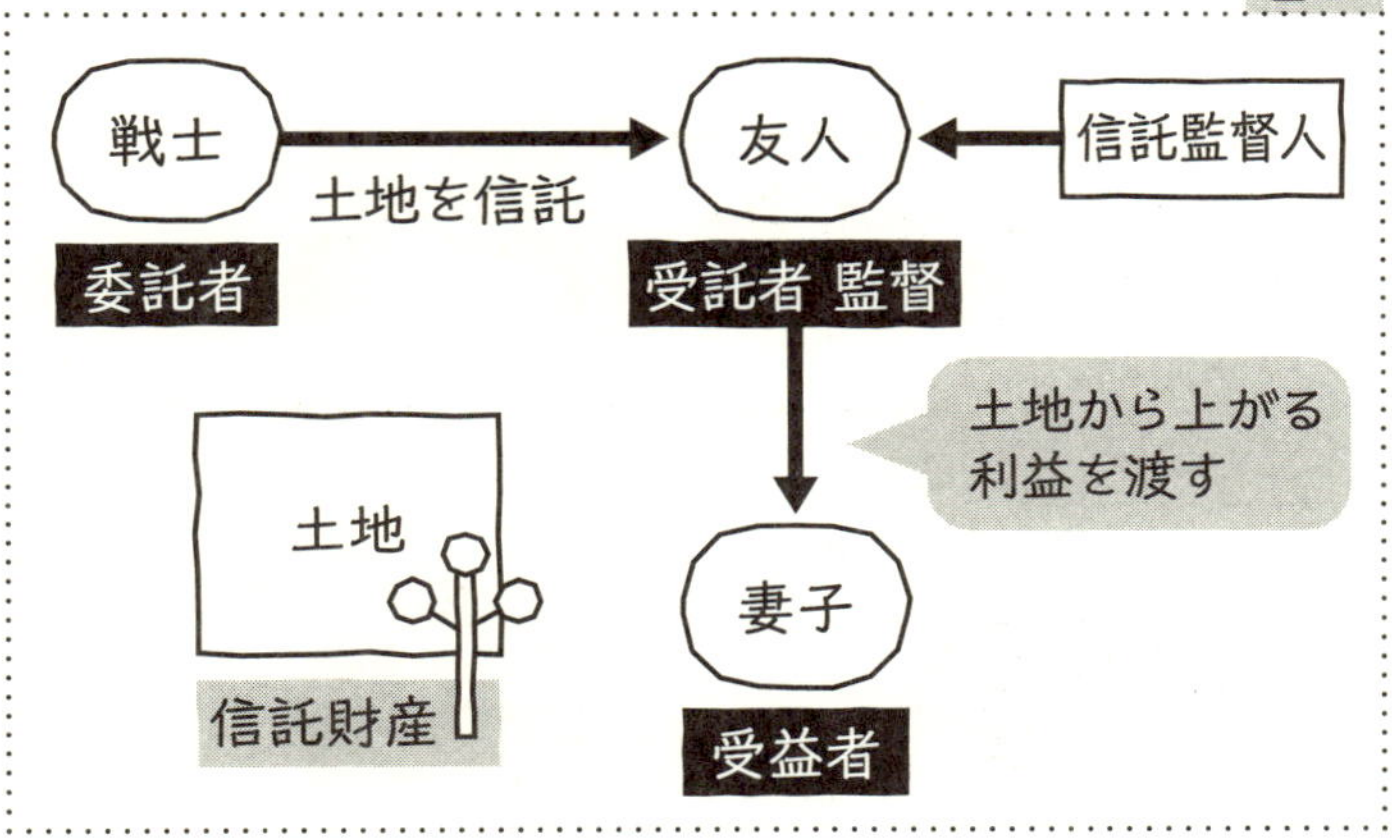

す。

このとき、もし、戦士が友人のことを信用はしているが、心底信じ切ることはできない、ということであれば、友人（受託者）を監督する人をつけることができます。それが「信託監督人」です。信託監督人をつけておけば、月に一度とか、年に一度とかの割合で友人（受託者）に財産の管理状況を報告させ、受託者が不正をしていないかどうかなどを監督させることができます【図31】。

つまり、「委託者」とは信託財産を受託者に託す人、「受託者」とは委託者から信託財産を託されて信託財産を管理処分する人、「受益者」とは信託財産からの利益を受ける人、「信託監督人」とは受託者を監督する人、

図32

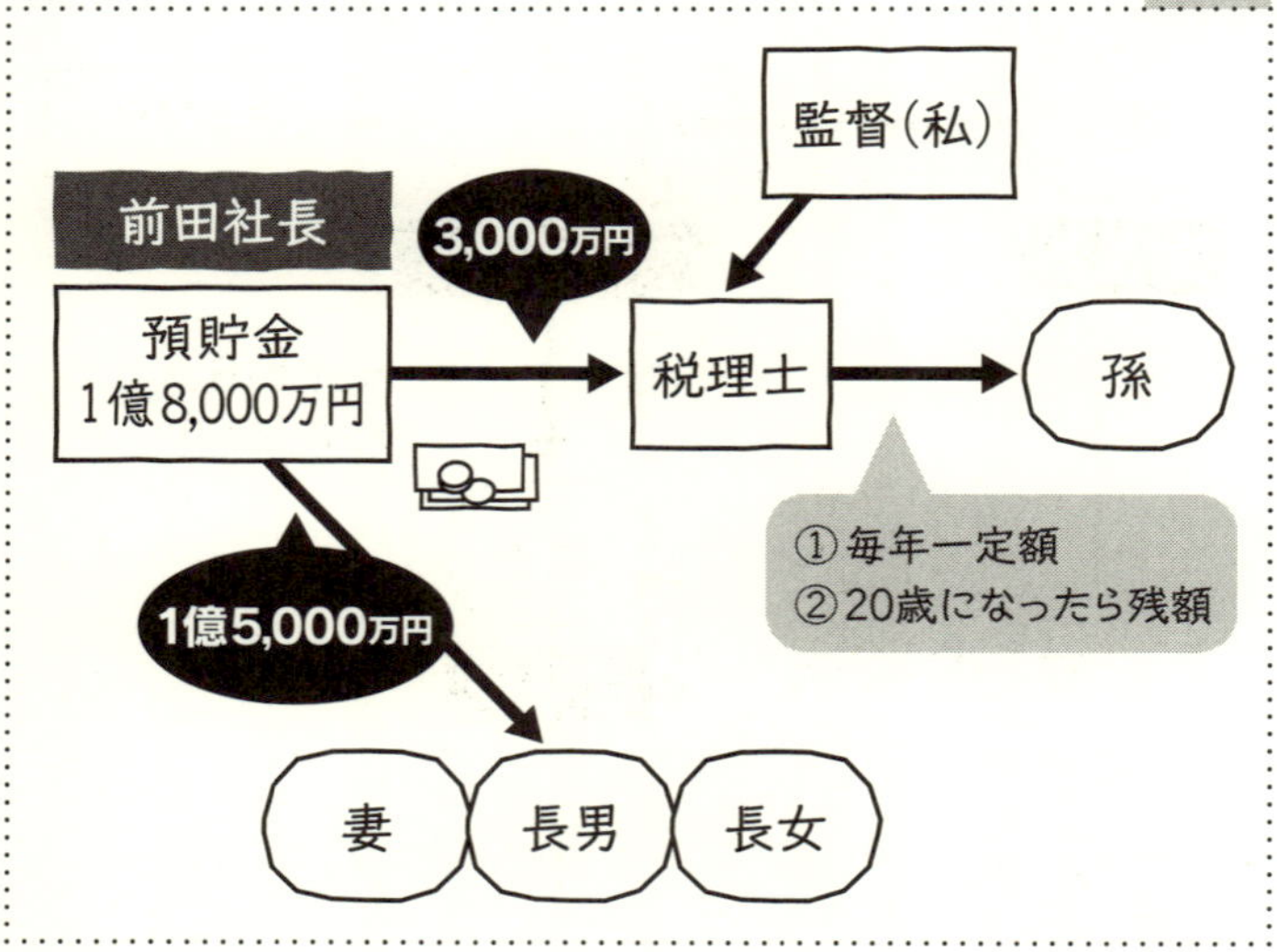

ということになります。

これを先の前田金属工業の例で考えてみましょう。

前田社長の現預金一億八〇〇〇万円のうち、三〇〇〇万円を前田社長の死亡後、顧問税理士さんに預け(信託をし)、税理士さんが毎年、約束に従ってお金をお孫さんの銀行口座に振り込むこととします。毎年一回、税理士さんは、私に銀行預金通帳を開示して調査を受けることになります。そして、お孫さんが二〇歳になったときに財産が残っていれば、それを全額お孫さんの銀行口座に振り込む、という内容で遺言書を作りました【図32】。

この図で前田社長が「委託者」、税理士が「受託者」、妻、長男、長女、孫が「受益者」、私が「信託監督人」ということになります。

信託の方式

次に、信託を設定するにはどうやって行うか、ということについて説明します。

信託を設定する方法としては、①契約方式、②遺言方式、③自己信託方式、の三つがあります。

「契約方式」というのは、委託者と受託者の信託契約により信託を設定するものです。

前項で、前田社長が税理士に現預金三〇〇〇万円を預けたのがこれです。

前田社長と税理士の間で「信託契約」を結びます。その契約書の中には、

①前田社長が税理士に三〇〇〇万円を信託すること

②三〇〇〇万円は、孫に対して毎年一定額を払い、二〇歳になったら残額を払うことが定められます。

図33

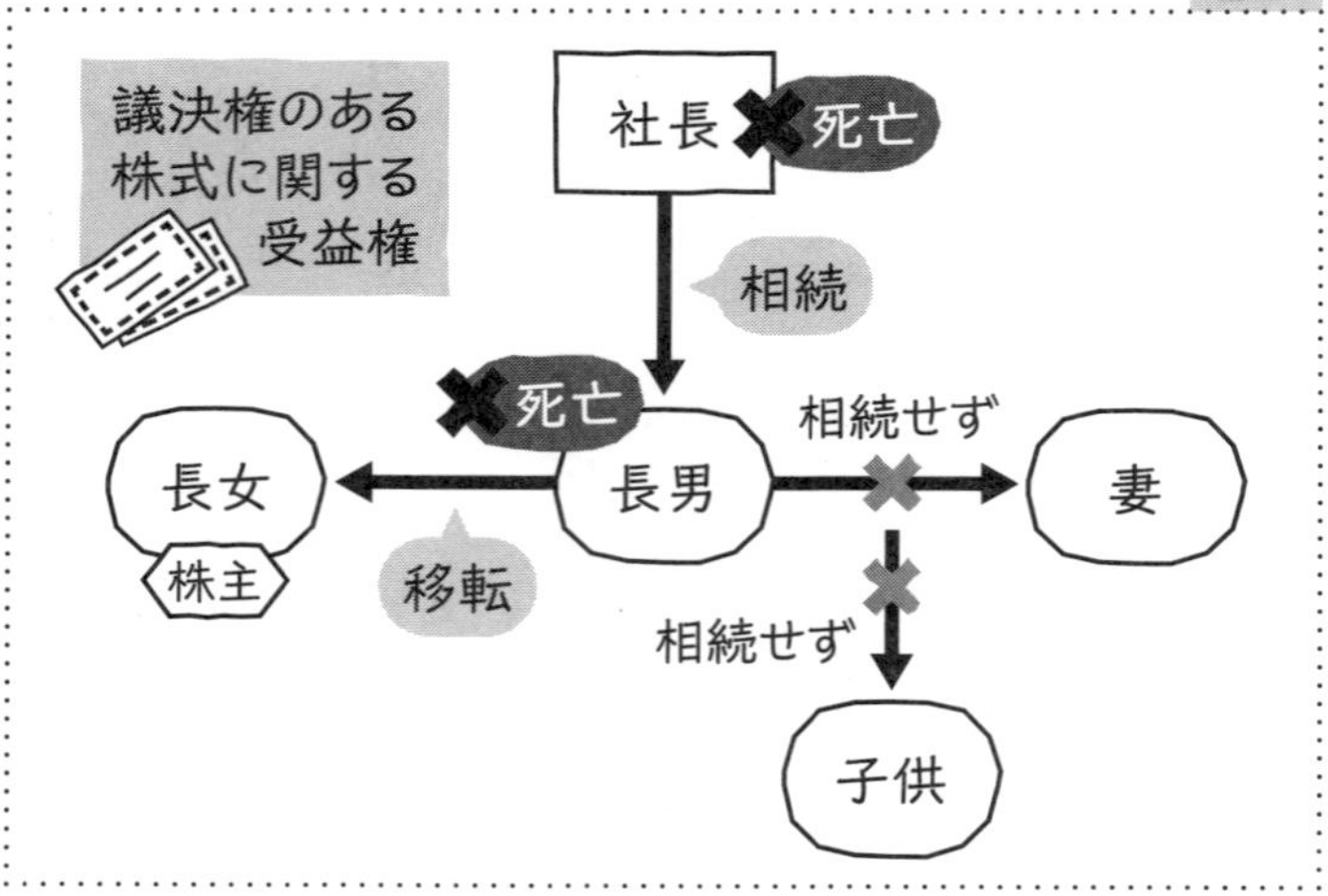

「**遺言方式**」というのは、**遺言書の中で信託の内容を定める方法**です。

前田金属工業の例では、前田社長が亡くなった場合、前田金属工業の議決権のある株式に関する受益権は、すべて長男に相続される。長男が亡くなったときには、前田金属工業の議決権のある株式に関する受益権は、長男の妻や子供には相続されず、前田社長の長女に移転する、という遺言書が作成されました。これが遺言書による信託の設定です［図33］。

この信託の内容を、契約書ではなく遺言書の中にすべて記載しておくのです。そうすると、前田社長が亡くなったときに、その遺言書のとおりに効力が発生します。この場合、委託者は前田社長、第一次受益者は長男、第二次受益者は長女、となっています。

最後に「**自己信託**」**による方式ですが、これは生前に、自分だけで信託を設定する方式**です。自分だけで完結してしまいますので、内容を明確にするため、公正証書などで作成しなければなりません。

マイケル・ジャクソンも信託を利用

マイケル・ジャクソンは、世界で最も成功したエンターテイナーの一人で、「ポップ界の帝王」とも言われています。アルバム「スリラー」が代表作です。彼は、二〇〇九年六月に永眠したのですが、**総資産約五億ドルとも言われる莫大な財産について、遺言信託を残していた**のをご存じでしょうか。

遺言信託は、二〇〇二年に作成されたもので、遺産額は約五億ドル、負債は約三億ドルとも言われています。

私は原本を確認した訳ではないので、以下はインターネット上の記事などによる情報を元に、日本の信託法に基づいて説明をします。あくまで信託の説明の便宜のためですので、真偽についてはご自身で確認願います。

マイケル・ジャクソンは、まず二〇〇二年に「**マイケル・ジャクソン・ファミリー・トラスト**」**という信託を設定**しました。この信託はマイケル・ジャクソンが委託者兼受託者でした。しかし、信託財産はなく、マイケル・ジャクソンが死亡すると同時に、彼の財産がこの信託に払い込まれることになっていました。

■マイケル・ジャクソンの遺言の内容

マイケル・ジャクソンは遺言書を遺しています。その内容をおおざっぱに言うと、次のとおりとなります。

〈遺言の内容〉

①二人目の妻であったデビー・ローは遺産が与えられるリストから除外する。つまり、遺産は与えない

②子供の後見人は、母親のキャサリンを指名する。もし彼女が後見人を務められない

図34

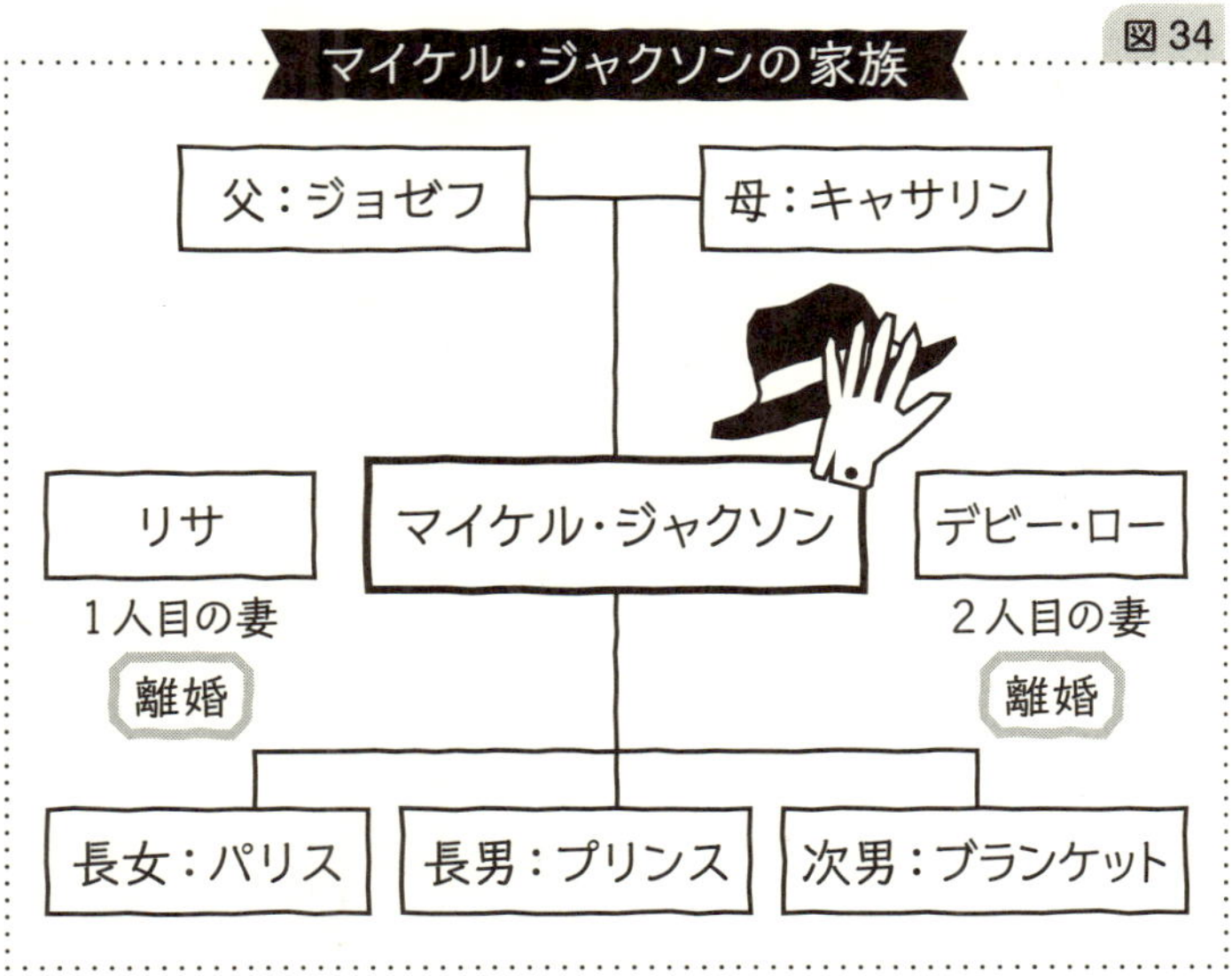

ときは、ダイアナ・ロスを指名する

③すべての財産を生前に設定した「マイケル・ジャクソン・ファミリー・トラスト」に信託する

つまり、マイケル・ジャクソンの財産は、すべて「マイケル・ジャクソン・ファミリー・トラスト」に信託されるので、その後遺産がどうなるのかは、この信託により定められた内容に従う、ということになるのです【図34】。

日本の普通の相続では、遺言書などで自分の財産を誰に与えるかを決めるのですが、アメリカでは信託が多く使われているそうです。自分の財産を相続させずに信託し、その信託の中で誰にどう与えていくかを細かく決めてゆく、ということなのです。

■マイケル・ジャクソンの信託の内容

では、「マイケル・ジャクソン・ファミリー・トラスト」は、どのように定められていたのでしょうか。詳細な定めがありますが、おおざっぱに言うと、次のとおりとなります。

（1）委託者はマイケル・ジャクソンです。当初、受託者はマイケル・ジャクソンで、マイケル・ジャクソン死亡後は、受託者はブランカ弁護士とジョン・マクレーンです。受益者は、「マイケル・ジャクソン・チルドレン・トラスト」及び慈善団体となっています［図35］。

■マイケル・ジャクソン死亡後

（2）信託財産の最初の二〇％は、子供に関連する慈善団体へ寄付されます。

図35

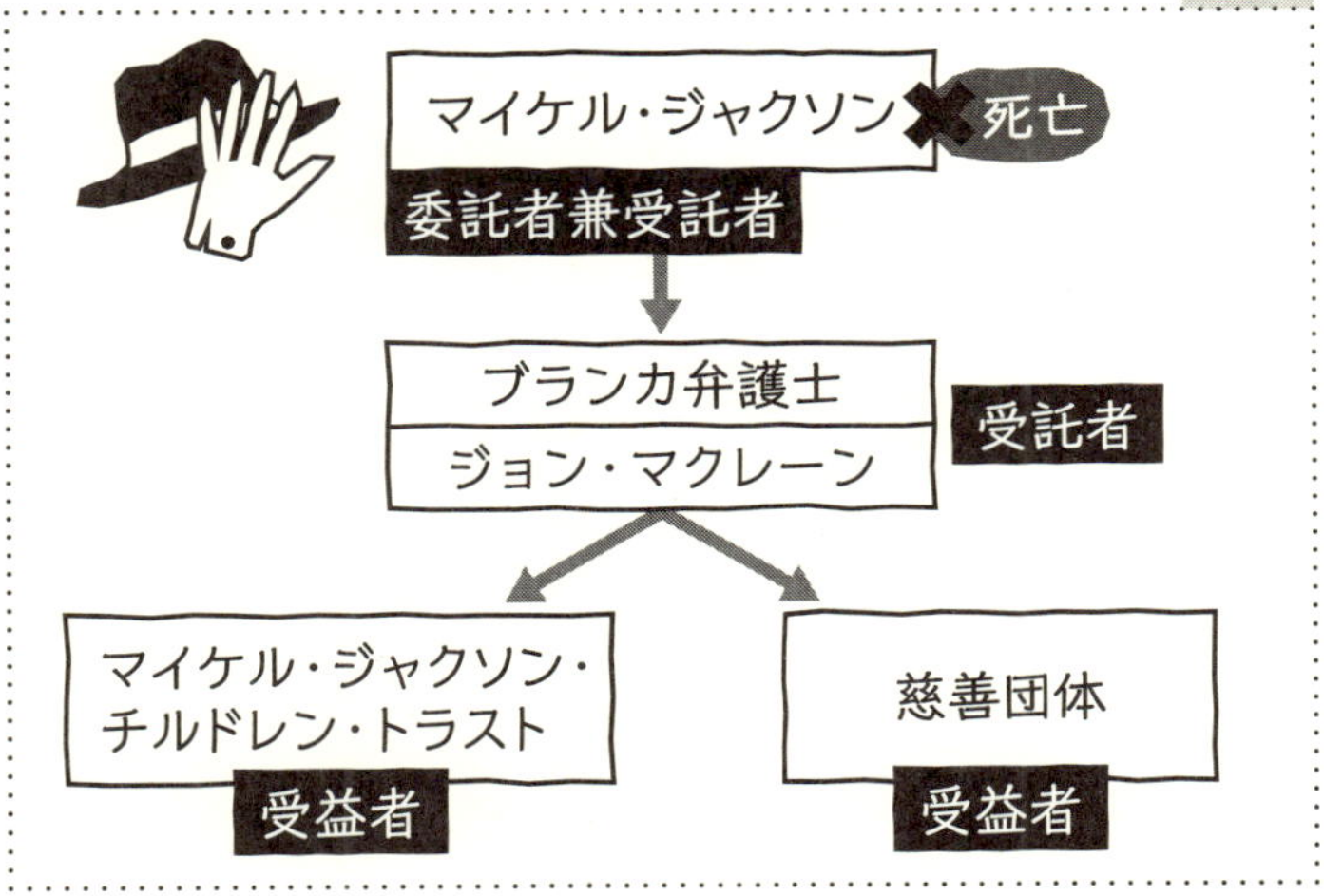

（3）その後、相続税を支払い、医療費・葬儀費・弁護士費用を支払います。

（4）（1）〜（3）までで残った信託財産のうちの五〇％は、「マイケル・ジャクソン・チルドレン・トラスト」に分配します。

この信託の受益者は、マイケル・ジャクソンの三人の子供です。信託の内容は、次のとおりです。

①子供たちが二一歳になるまでは、受託者の裁量により受益者に分配される

②子供たちが二一歳からは信託財産から生じる利益を享受でき、それで不十分な場合は信託財産元本からも分配できる

③各子供が三〇歳に達したときは、信託財産の三分の一を、三五歳に達したときは、残りの信託財産の五〇％を分配する。そして、各子供が四〇歳に達したときは、残った信託財産のすべてを分配する

④各子供が家を購入したり、結婚して子供ができたり、ビジネスを始めたりした場合には、受託者の裁量で適宜分配することができる

このようにかなり柔軟性のある内容となっています。

（5）（1）～（4）までで残った信託財産は、「キャサリン・ジャクソン・トラスト」に分配します。この信託の受益者は、マイケル・ジャクソンの母親であるキャサリン・ジャクソンです。信託の内容は、受託者の広範な裁量により、母親の健康や幸福のために信託財産の収益や元本が分配されます【図36】。

（6）もし、子供たちも母親もいなくなった場合には、「マイケル・ジャクソン・レラティブ・トラスト」に分配されます。この信託の受益者は親戚の子供たちです。信託の内容は、（4）のマイケル・ジャクソンの子供たちの場合と同様となっています。

つまり、マイケル・ジャクソンの財産は、まず一部慈善団体に寄付されます。その

図36

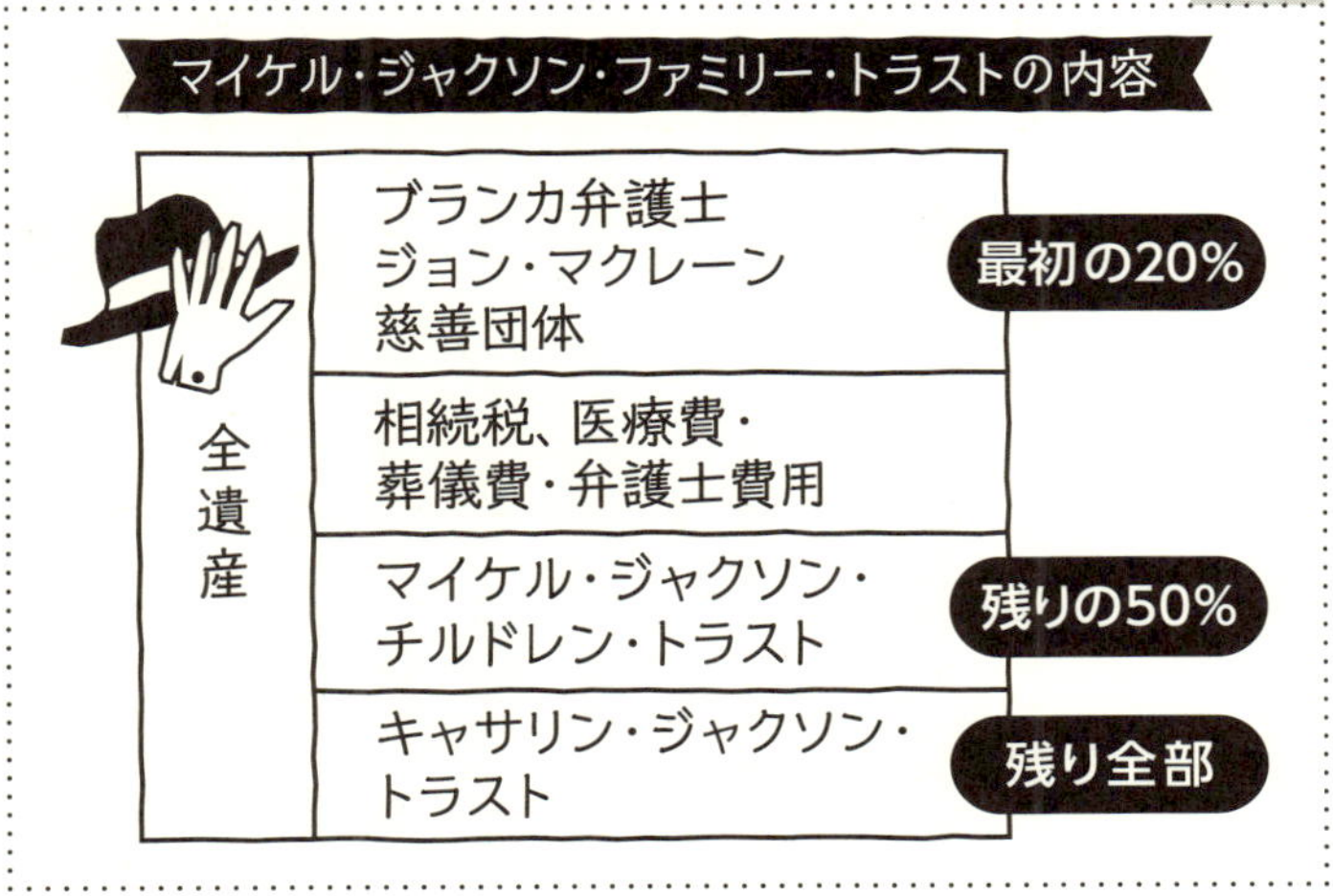

マイケル・ジャクソン・ファミリー・トラストの内容

全遺産	ブランカ弁護士 ジョン・マクレーン 慈善団体	最初の20%
	相続税、医療費・ 葬儀費・弁護士費用	
	マイケル・ジャクソン・ チルドレン・トラスト	残りの50%
	キャサリン・ジャクソン・ トラスト	残り全部

後、経費が支払われた残りの半分を子供たちのための信託に、残りの半分を母親のための信託に支払われる、ということです。そして、子供たちや母親がいなくなったときは、親戚の子供たちの信託に支払われることになります。

つまり、信託が「自分の信託」から「子供の信託」と「母親の信託」へ、さらにそれらから「親戚の子供たちの信託」へと三重構造になっている、ということです。

子供たちが若いうちから莫大な財産を手にして失敗しないような手配もなされています。年齢に応じて相応の財産を受け取り、分別のついた四〇歳に達して初めて全財産を手にすることができる、という配慮がなされています。

また、高齢の母親は財産の管理運用をする能力もないでしょうし、今後判断能力も低下するでしょうから、受託者に広い裁量を認めて、適宜適切に母親のケアができるような設計になっています。

マイケル・ジャクソンの子供や母親に対する愛が感じられます。

このように、信託は利用者の希望を満たすように、非常に柔軟に設計することが可能となっており、マイケル・ジャクソンも彼の死後はその莫大な財産を上手に引き継いでいくために利用されています。

このような財産の承継は、遺言書だけではできないのです。マイケルのご冥福を改めてお祈りいたします。

なお、重ねて申し上げますが、以上のことに関する真偽については、確認できておりません。そのつもりでお読みください。

2 信託制度を使ってできること

相続争いをさせない方法

ある程度の資産を持っていると、自分が死んだ後、相続争いが起きることがあります。金融資産だけなら、法定相続分で分ければいいのですが、「兄さんは、独立するときの事業資金を一〇〇〇万円出してもらった！」とか、「お前だって自宅を建てるときにお金を出してもらったじゃないか！」とか、過去のさまざまなことを取り出して、相続財産を取り合います。

私たちが相続争いで多く関与するのは、やはり不動産がある場合です。不動産を誰が取得するのか、その場合、その不動産の評価額はいくらにするか、など、非常に多くの争いになり、遺産分割の争いが何年も続くことがあります。たとえば、父親が死亡して、その相続財産は自宅のみだったとします。相続人は、母親と長男、次男です。そうすると、三人で自宅を分けなければなりません。法定相続分は、母親二分の一、長男・次男がそれぞれ四分の一ずつです。そして、自宅の評価額を一億円とします。仮に、妻が自宅を相続するならば、その四分の一である二五〇〇万円ずつを長男・次男に分けるのが法定相続分に従って分ける分け方となります。しかし、母親が、合計五〇〇〇万円も現金を持っていることなど稀です。では、それが無理ならば、自宅を三人の共有にしよう、という案が出たとします。そうすると、そこに誰が住むのか、賃料はどうするのか、修繕が必要になったときは誰が負担するのか、など紛争が発生することになります。

では、自宅を売却してお金にして分けよう、という案が出ることになりますが、母親は、ずっと住み慣れ、夫と過ごした思い出の自宅を売却することには反対だったりします。このようにして、不動産があるときの争いは続いてゆくのです。

そんなことにならないようにするには遺言書を遺しておけばよいのですが、それでも争いを完全に回避することはできません。

たとえば、ここに妻に先立たれた男性がいるとします。彼には、長男、次男、三男の三人の子供がいます。財産は、収益マンションのみです。三人には平等に財産を分け与えたいと思っていますが、マンションを共有にしてしまうと、管理や売却するかどうかなどで争いが生じる可能性があります。共有物件の管理については多数決で決められますので、少数になってしまった子供の意見が反映されず、かわいそうです。だからといって、三人はまだ若いので、このマンションを売却してお金を三人で分けてしまうと、お金の使い道が判断できず、浪費してしまう恐れもあります。

このような場合、**三人で平等に財産を分けて、かつ、三人にすぐにお金が入らないようにする方法はあるでしょうか。遺言書では難しそうです。**

実は、あるのです。まず、男性がこの収益マンションを信託財産にします。受託者は三人のうちの誰かでもいいし、信頼できる第三者でもいいでしょう。一般社団法人などを作ってもいいです。そして、受益権を三分割にし、自分を受益者にしておきます。信託の内容としては、男性が死んだ後の一〇年間、受託者がこの収益マンションを管理し、管理費用を差し引いた残額を受益者に分配する、ということにします。そして男性が死んで一〇年後に収益マンションを売却し、売却代金を受益者に分配する、という内容にします。その上で、三分割した受益権を遺言書で三人の息子たちに相続

図37

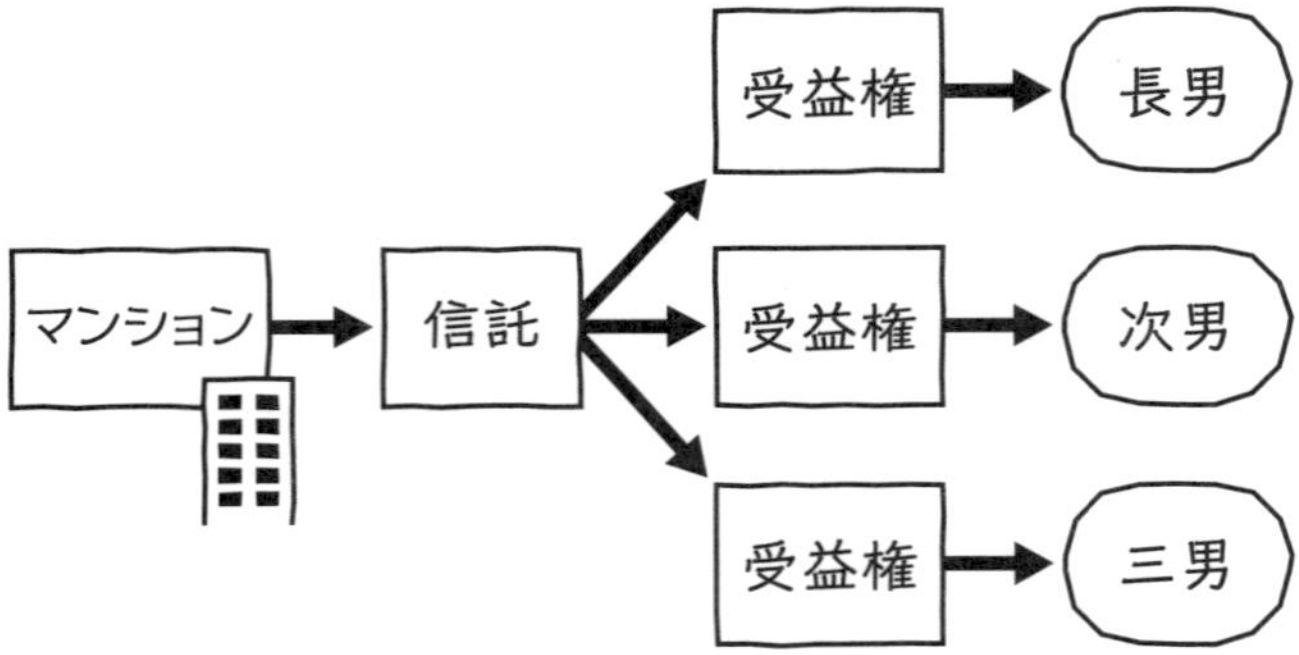

※マンションが信託によって３分割された受益権になり、３人平等に相続される。
※マンションは信託の内容にしたがって管理されるので、３人の子供たちはマンションを売却できない。

させるのです。

そうすれば、自分が死んだ後の一〇年間は息子たちにマンションの所有権は移転しませんので、マンションを売却することができません。また、平等に三分割した受益権が相続されますので、共有状態と異なり、紛争になることは想定しにくいと言えるでしょう。

なお、受託者が信託の内容に従って適正にマンションを管理運用するかどうかが心配な場合には、弁護士などを信託監督人に指定しておけば、毎月、あるいは毎年、信託財産の内容と収支をチェックしてくれるので、安心です。

このようにして、**自分の死後の紛争を**

未然に回避することができるのです［図37］。

節税策と組み合わせる

後で述べるように、信託税制は、特に抜け道があるわけではありません。したがって、信託を設定することで節税をすることは難しいと思います。

しかし、他の節税策と組み合わせることによって、節税策の欠点を補うことができます。

一例を挙げましょう。

現在、相続対策で都心部のタワーマンションを購入するのがブームになっています。なぜなら、タワーマンションを購入することで相続税の節税が可能になるからです。仕組みを説明しましょう。

まず、一億円の現金を持っている人が、都心部で四〇階建ての四〇階部分のタワーマンションを一億円で購入したとします。そうすると、資産が現金から不動産になったことになります。現金の場合、相続税評価額はそのままの金額ですから、一億円です。では、不動産は、どうなるでしょうか。

タワーマンションは、土地と建物から成り立っています。土地の相続税評価額は、都心部では時価よりも低くなっています。また、タワーマンションには、敷地内に高層のマンションが建ちますので、多くの部屋がありますが、土地の価格は、各部屋の専有面積に割り振られますので、ここで土地の相続税評価減となります。そして、建物の相続税評価額は時価よりも低い固定資産税評価額となりますので、ここでも評価減です。

さらに、相続税評価額は、同じタワーマンションの同じ面積の部屋であれば、一〇階も四〇階も同じ額になるのですが、実際には、一〇階よりも四〇階の方が高額で取引されます。ということは、できるだけ高層階を購入した方が、相続税評価額としては得になるわけです。

そのような結果、一億円で購入したタワーマンションの相続税評価額が三〇〇〇万円になったり、三億円で購入したタワーマンションの相続税評価額が六〇〇〇万円になったり、ということが起こるのです。

かなりの相続税の節税が可能になりますね。

このようなカラクリがあるために、都心部のタワーマンションが建設されると、高層階の高額な部屋から順次どんどん売れていくのです。

しかし、ここで問題があります。相続でもめる可能性が増加する、ということです。現金であれば、法定相続分で分けて終わり、という形で決着することが多いのですが、不動産が絡むと、とたんに紛争になりやすくなります。誰が不動産を取得するのか、その対価はいくらにするのか、売却するとして、いくらで売るのか、いつ売るのか、などで争いが起こることになります。

しかし、先ほど説明した信託スキームを使うと、紛争を防止することができます。購入したタワーマンションを信託財産として信託を設定し、受益権を相続人の法定相続分に応じて分割しておきます。そして、それをまずは被相続人に設定し、被相続人が死亡した時は、受益権が相続人の法定相続分に応じて相続される、という仕組みにしておくのです。タワーマンションについては、たとえば、受託者の判断で売却し、その売却代金を各相続人に分配する、などというようにしておけばよいのです。そうすることによって、不動産の共有状態を解消し、紛争を予防することが可能になります。

相続税の節税策を行うときには、資産の組み替えを行うことになりますが、その際に、相続による紛争の可能性が高まることが往々にしてあります。その結果、節税対策に躊躇する方もいるようです。

しかし、**節税対策に信託を組み合わせることによって、相続時の紛争を防止し、安心して節税対策を実行することができる**かもしれません。ぜひ検討してみてください。

名義預金で悩むことがなくなる

さて、信託制度を使うと、「名義預金」で悩むこともなくなります。

こんな事例がよくあります。

「私（父）は、まだ幼い自分の子供が大人になったときに使える財産をある程度残したいと考えています。ただ、大人になったときに、一度に贈与すると贈与税がかかります。そこで、少しずつ贈与していきたいので、子供名義の預金口座を作って、私が預金通帳と印鑑を管理して、そこに預金していこうと思います。でも、子供の教育のためには、子供にその預金の存在を知られたくありません。このまま実行しても大丈夫でしょうか？」

よくあるケースですね。

このような処理をして、子供が大人になるまでに二〇〇〇万円の預金を作ったとします。そこでこの親が死亡した場合、相続税の税務調査で、その二〇〇〇万円の預金は誰の預金であると認定されるでしょうか。

おそらく、せっかく子供のために預金していたとしても、親の預金と認定され、相続財産に組み込まれて、相続税がかかってくることになるでしょう。なぜかというと、**贈与というのは、「贈与契約」ですから、贈与する者と贈与される者が合意しなければ効果が生じません。**今回の場合、子供に預金の存在を知らせていないのですから、そもそも贈与の合意があったとは言えません。それに当初、幼い子供だったのですから、法律行為をする能力もありません。そして、預金通帳や印鑑を親が管理していたのですから、その預金を支配していたのは親ということになります。したがって、税務調査が入ったときには名義預金として、相続財産として認定されることになると思われます。

せっかく子供のために積み立てた預金は何の意味もなかった、ということになって

図38

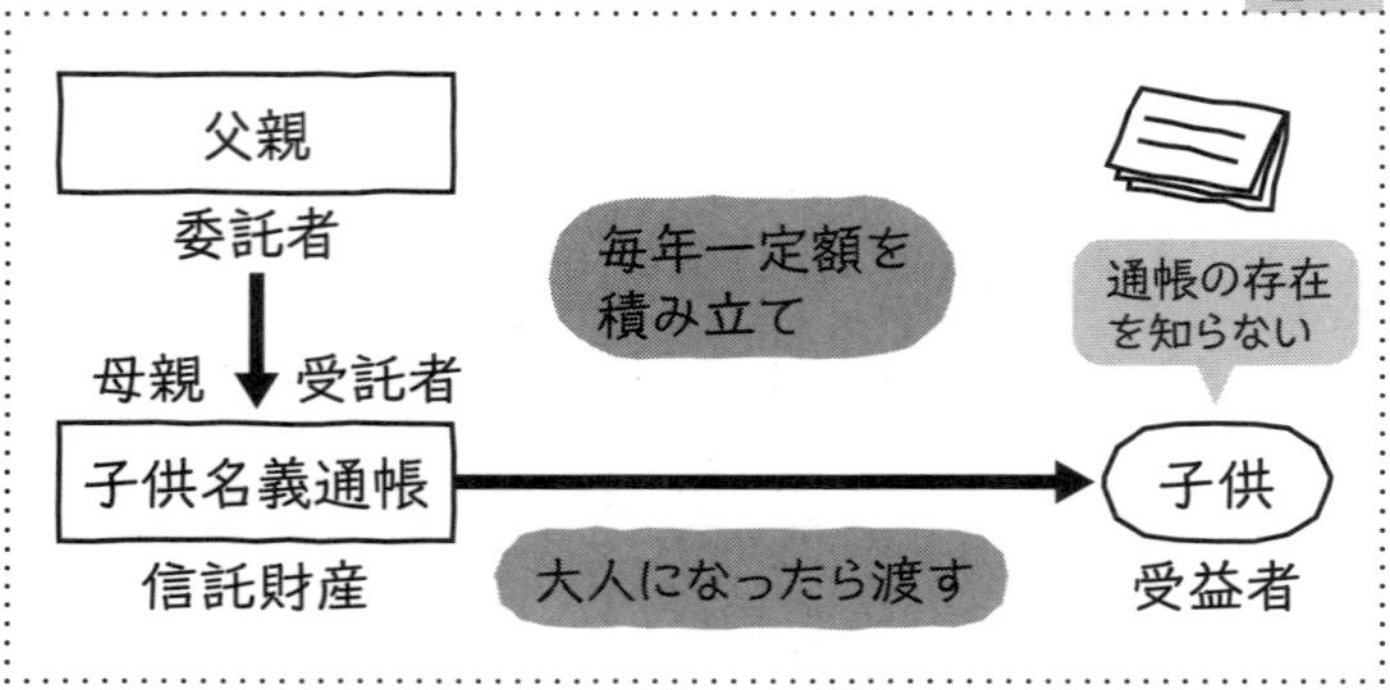

しまうのです。この名義預金の問題は、多くの人の悩みの種となっています。

しかし、**信託制度を使うことによって、この名義預金の認定を回避することができます。**次の例を見てください。

（1）自分（父）を委託者、妻を受託者とし、子供を受益者とします。

（2）贈与しようと思う財産に信託を設定します。具体的には、妻と信託契約を締結します。そして、毎年贈与する額を追加信託します。

（3）子供名義の通帳（たとえば、「前田太郎信託口」など）を作り、毎年贈与する額をその通帳に入金します。

（4）契約書の中には、子供に受益権を設定したことを、子供が満二〇歳になるまで通知しないことを記載しておきます（信託法八八条では、受託者は受益者に受益権が設定されたことを通知しなければならないと規定されていますが、信託行為の中に、通知しない旨を定めれば、必ずしも通知しなくてもよいことになっています）。

このような信託を設定することによって、幼い子供に通帳の存在を教えることもなく、満二〇歳になるまで密かに子供のためのお金を積み立てていくことができるのです【図38】。

つまり、税理士さんたちの悩みの種だった名義預金問題が解消されるわけです。

三〇年後も財産を支配する方法

「財産はあの世までは持って行けない」と言われます。当然のことですね。しかし、財産をこの世に残してゆくと、どういうことになるでしょうか。

司法統計によりますと、被相続人が死亡後、相続人が争った遺産分割調停の申立件数は、昭和五〇年の頃は、年間に四三九五件だったのが、平成一五年には、二倍以上の九五八二件に増加しています。財産を残した被相続人は、まさか自分が死んだ後に、相続人たちが血みどろの争いをしているとは思わなかったことでしょう。

そこで、自分が死んだ後、自分の財産をどうやって分けるかについては、通常、遺言書を書いて後に残った家族に託すことになります。しかし、それも一代限りです。たとえば、自分の会社の株を長男に相続させようとした場合、そこまでは自分で決めることができます。しかし、いったん株が長男の名義になったときは、その後長男がその株をどのように処分しようとも自由です。長男が死亡した場合には、自分の家系ではない別の家系に相続され、自分で苦労して育てた会社が、長男の妻や子に相続されていくことになります。

そのような事態を防ぎ、長男が相続した後もずっと自分の財産を誰が継いでいくかを指定することができないでしょうか。

実は、信託法を使えばそれができるのです。第一章で説明した前田社長の例で振り返ってみましょう。

前田社長が死んだとき、会社の株（受益権）を長男に移転させ、長男が亡くなったときは、長男の妻や子供は相続せずに、長女に株（受益権）が移転する、という遺言書を遺すことにしました。あのスキームです【図39】。

図39

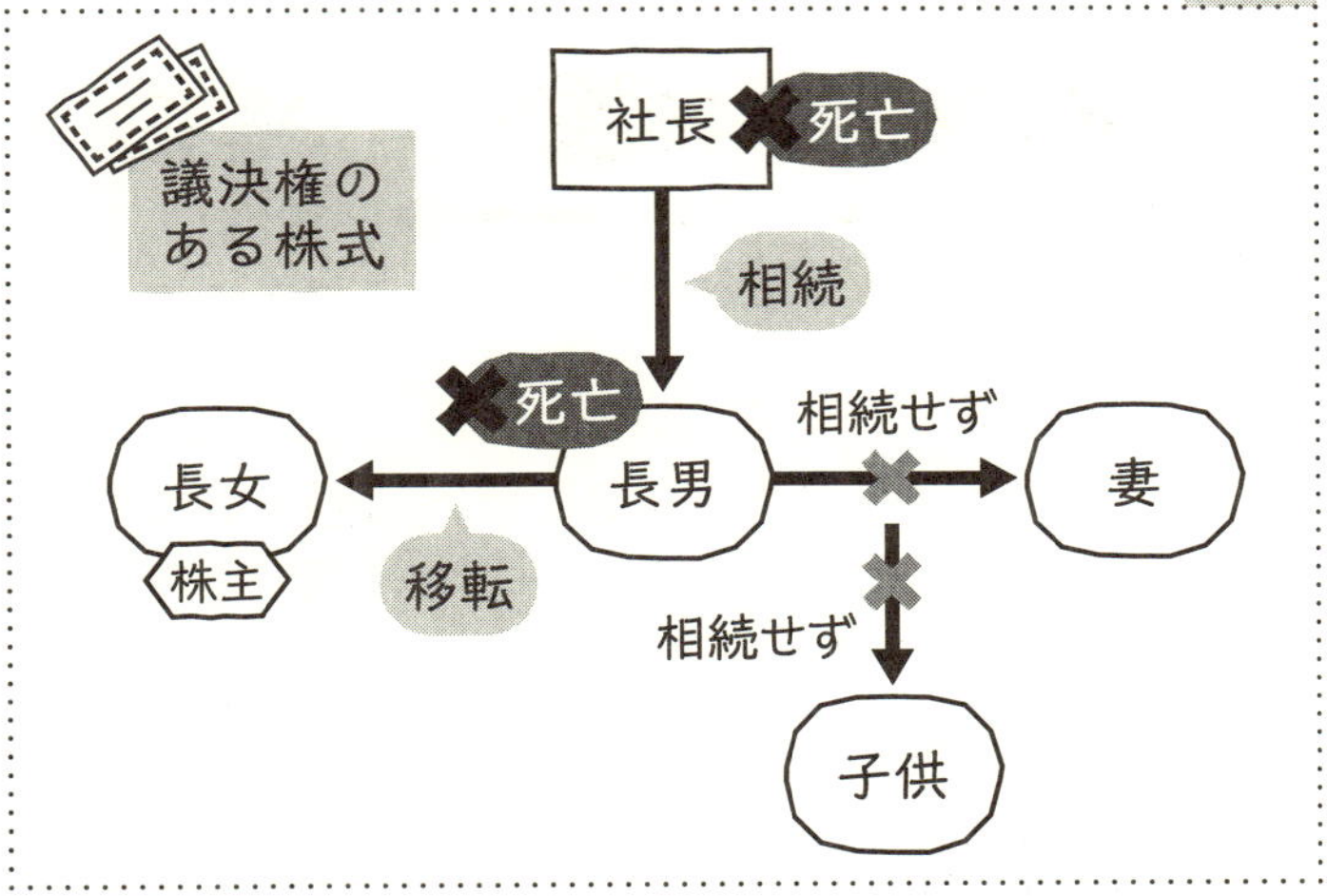

そして、このスキームは、長女が死亡した後、この株（受益権）を誰が取得するか、ということも決められます。たとえば、長女が死亡したときは、長男の子、長男の子が死亡したときは長男の次男に取得させる、というように、後の後まで誰が取得するかを決めることができるのです。

こんなイメージです【図40】。

自分の財産を、自分が死んだ後に誰に取得させ、次には誰に取得させ、というように順次財産を取得する者を指定できるのです。**この信託を「後継ぎ遺贈型受益者連続信託」と呼びます。**すごいことだと思いませんか？

図 40

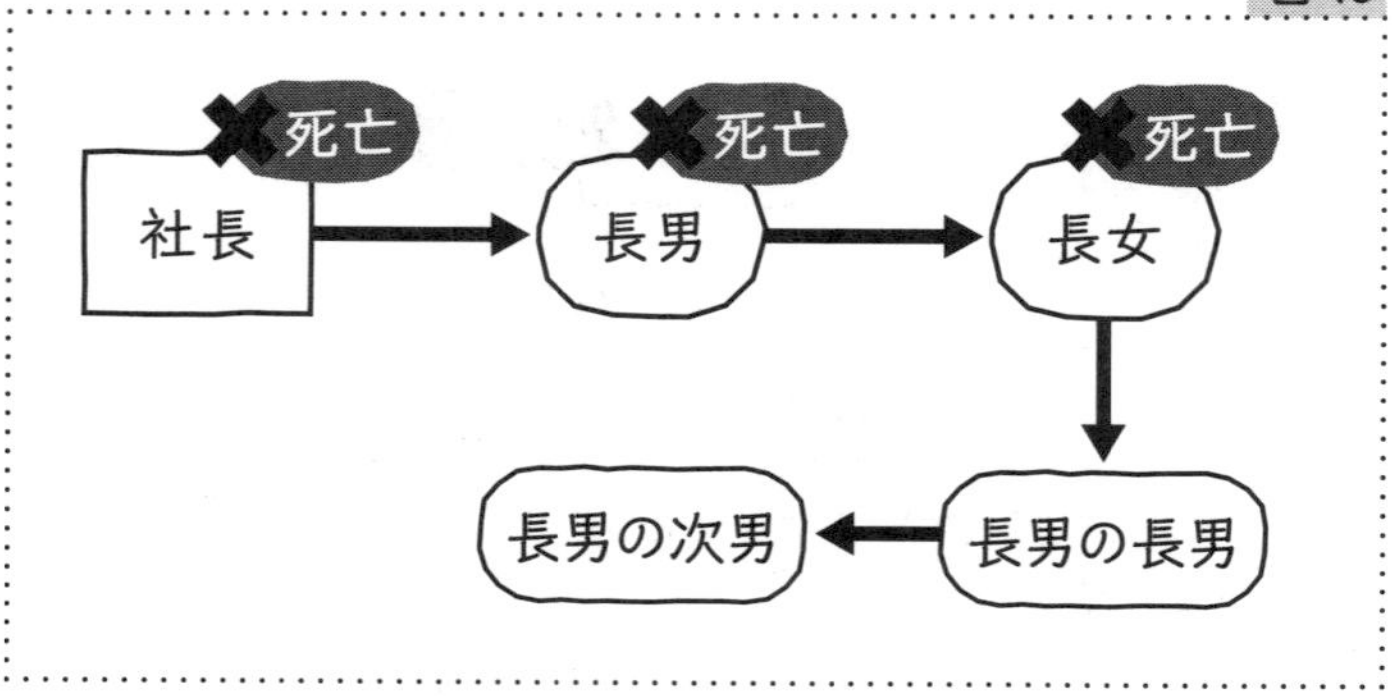

ただし、この後継ぎ遺贈型受益者連続信託も「永遠に」、というわけにはいきません。指定できる期間が制限されています。その期間は、信託が設定されたときから三〇年、というのが一つの目安です。たとえば、社長が死亡した時点で遺言書による信託が効力を発揮し、そこから三〇年後、長女が株（受益権）を持っていたとします。そうすると、長女死亡による次の長男の長男への株（受益権）までは可能ですが、その後の長男の次男への移転までは効力が及ばない、ということになります。つまり、**信託が設定されたときから三〇年を経過した時点において、現存する受益者の次の受益者が受益権を取得するまで有効である**、ということです。

信託の効力発生から三〇年後がポイント

これによって、**自分が死んだ後、三〇年間は財産を支配して、その財産を誰が取得するかをすべて決めることができる**、ということになります【図41】。そして、そうすることによって、自分が死んだ後に家族間で争い合うことを防止することができるのです。ただし、遺留分減殺請求の対策はしておきましょう。

痴呆症になっても財産管理と相続対策ができる

日本は高齢化が進んでいます。高齢者になって困ることは、痴呆症などで判断能力が低下してしまうことです。中には浪費癖がついてしまい、どんどんお金を使って財産をなくしてしまう、という人もいます。

判断能力がなくなってしまった場合には、日本の法律では「成年後見制度」というものがあります。**判断能力がなくなってしまったときに、家庭裁判所に申し立てをす**

図41

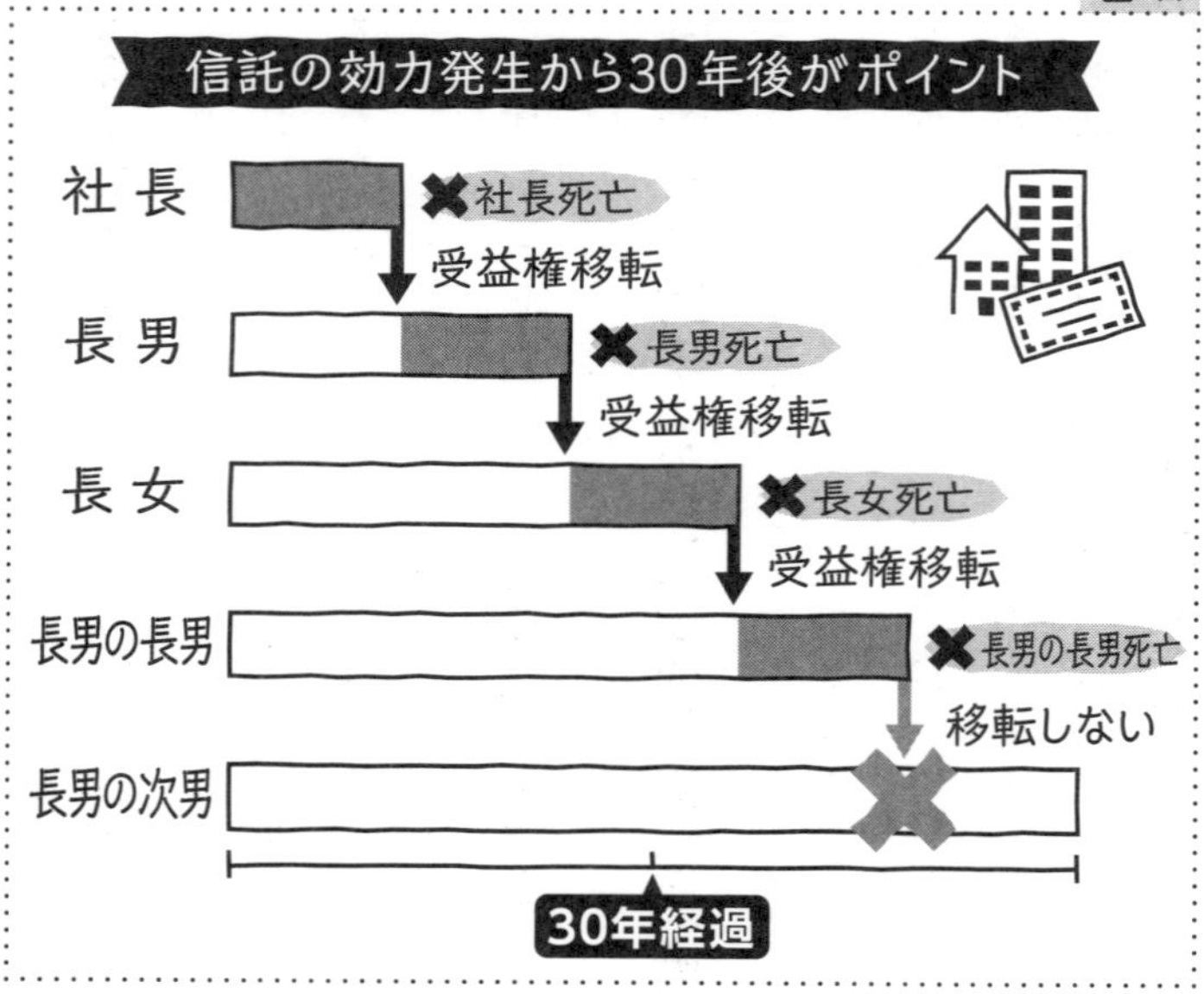

ると、「成年後見人」という人が選任されます。成年後見人は親族が選任されるときもあれば、弁護士等の第三者が選任されることもあります。

成年後見人の重要な任務は、判断能力がなくなってしまった被後見人の財産の管理です。したがって、**成年後見人が選任されると、財産の処分等は自由にできなくなります。**過去、家族でお金が必要になったときは、投資用マンションを売却して資金を作ろう、とみんなで決めていた場合でも、成年後見人が同意してくれなければ売却できません。**成年後見人の職務は、被後見人の「家族の」財産の維持管理ではなく、「被後見人の」財産の維持管理ですから、被後見人の財産を維持管理するために必要ではない財産の処分は認めにくいと言えます。**

そうすると、当然のことながら、相続税対策となるような贈与もできませんし、家の建て替えもやりづらくなります。また、株を持っている場合など、適時に売り買いすることが望ましいのですが、それもできません。

被後見人の家族から見た場合には、非常に窮屈な状態になってしまうのです。

では、このような状態になることを回避する方法はあるのでしょうか。

ここでも信託を使います。ただし、**信託も法律行為ですから、認知症になり、判断能力がなくなってからではできません。正常な状態のときに信託をしておき、いつ、何が起きても大丈夫なようにしておく**のです。

具体的には、高齢になった本人が、その有する主な資産を自分の子なりに信託します。**財産の管理や処分を指図する指図権と、その信託から利益を得る受益権は自分にしておきます。**つまり、実質的には信託が設定されて、財産を管理処分するのは子どもになりますが、それを指示するのも、利益を得るのも自分なので、実質上は変わらないことになります。

信託の内容で、本人が認知症等になり、判断能力を喪失したときにどうするか、まで決めておきます。たとえば、認知症になって判断能力を喪失したときは、家族では介護ができないので、施設に入所することとし、そのための費用は、信託財産である賃貸不動産を売却して作り、余剰分については、顧問税理士の指導に基づいて贈与や賃貸併用住宅の建築等の相続税対策を実施する、などです。

さらに、**自分が死んだときに、受益権を誰に相続させるかを盛り込んでおけば、遺言書の代わり**にもなります。

自分が痴呆症などになってしまった場合、その後財産がどうなるのかは大変心配なものです。正常なときに、そうなったときのことまで考えて、きちんと対策をとっておけば安心ではないでしょうか。

倒産しても自宅が守られる?

日本経済は、中小企業が支えているといっても過言ではありません。しかし、中小企業の社長には、大きなリスクがあります。それは、「連帯保証制度」です。企業は資金調達をし、その資金を投資して、売上を上げて利益を生み出していきます。その資金調達は、銀行などの金融機関から融資を受けるのが通常です。

銀行などの金融機関は、中小企業に融資を行うとき、代表取締役などに「連帯保証」させるのが通常です。「連帯保証」というのは、融資を受けた企業が弁済をできないときに、企業に変わって弁済しなければならなくなる契約のことです。

この「連帯保証制度」があるがゆえに、中小企業の社長は、会社の倒産と同時に自宅を奪われ、築き上げた資産のすべてを失うリスクを背負っているのです。

これが日本の開廃業率が低い一つの原因ではないか、と思います。

しかし、一定の場合には、**信託制度を利用することによって会社が倒産しても自宅を守ることが可能**になります。

これは、信託の「財産隔離機能」を利用することになります。信託を設定すると、信託財産は委託者から受託者に移転します。たとえば、小林さんが息子に自宅を信託すると、自宅の所有権は息子に移転しますので、小林さんの債権者は、小林さんの財産としての自宅を差し押さえることができません。ただ、自宅を息子に信託をして、

図42

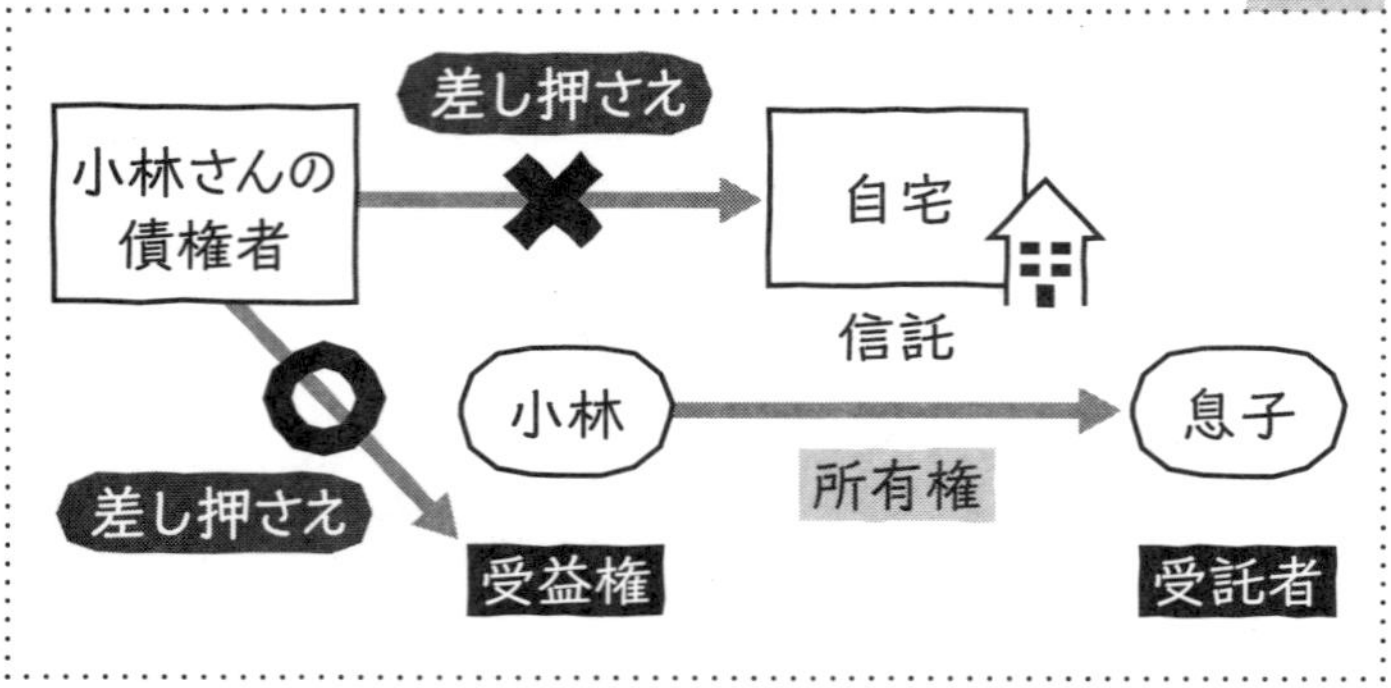

受益権を小林さんに残しておくと、小林さんの債権者は、小林さんの持っている受益権を差し押さえることができます。

これを図にすると、次のようになります【図42】。

「受益権が差し押さえられたら、意味がないじゃないか!?」と思われるかもしれませんね。でも、これまで説明してきたとおり、**受益権の内容は信託を設定するときに、自由に決めることができます。「受益権=所有権」ではない**のです。

たとえば、この自宅の信託が、小林さんの妻が死ぬまではこの自宅に住み続けることができるようにすることを目的とした信託だったとしたら、どうでしょうか。「この自宅には、妻が死ぬまで住み続け、妻が死んだら自宅を売却し、売却代金から経費を差し引いた残りを子供たちが均等に分ける」というのが信託の内容になるでしょう。

そうすると、受益権の内容は、「妻が死ぬまで自宅を使用収益する権利」と、「妻が死んだ後売却された売却代金を受け取る権利」となります。前者を妻に贈与し、後者を小林さんが自分で持っておいて、相続によって子供たちに相続させることになります。

その結果、どうなるでしょうか。小林さんの債権者は小林さんが持っている財産しか差し押さえることができません。たとえば、小林さんの経営する「大貫工業」が倒産した時点で、小林さんが持っている財産は、自宅に関する「妻が死んだ後売却された売却代金を受け取る権利」となり、これを差し押さえることになります。

妻が自宅に住み続ける間、債権者はこの自宅に手を出せないことになるのです。もちろん、債権者側にも、これに対する対抗手段はあります。しかし、この対抗手段に対処する方策を施しておけば、結果的に自宅を守ることができるのです。

ただし、二つ大きな注意があります。**一つ目は、「差し押さえを免れるために」信託を使ってはならないということです。場合によっては、強制執行妨害罪という犯罪になります。もう一つは、「詐害信託」にならないようにする、ということです。**「詐害信託」は、「サガイシンタク」と読みます。会社が倒産したときに、「詐害行為だ！」と叫んでいるのを聞いたことがあるでしょうか。倒産前に、財産の差し押さえを免れるために、財産を第三者に移転してしまい、債権者への弁済ができなくなってしまうような場合に、「詐害行為」となります。これの信託版が「詐害信託」です。

先に説明したように、信託には「財産隔離機能」があります。小林さんが、息子に自宅を信託することによって、債権者は自宅の差し押さえができなくなってしまいます。確かに債権者は、小林さんに残っている受益権を差し押さえることができますが、これは、「妻が死んだ後、売却された売却代金を受け取る権利」であり、ほとんど換価価値がありません。そこで、債権者を害するような信託の場合には、債権者は、その信託行為を取り消すことができる、という制度が作られています。これを「詐害信託」と言います。

信託を設定するときは、この「詐害信託」にあたらないように注意しなければなりません。

詐害信託とは？

では、どのような場合が詐害信託となるのでしょうか。

小林さんが、自分が経営する大貴工業が倒産しそうだ、ということで、自宅の差し押さえを免れるために、自宅を息子に信託し、受益権を妻に設定したとします。妻は、さらに受益権が差し押さえられるのを免れるために、受益権を長女に譲渡したとします。

図で説明します【図43】。詐害信託の要件は、次の三つです。

①委託者（債務者）が、債権者を害することを知って信託を設定したこと

ここで、「債権者を害する」というのは、自宅を信託することによって、小林さんの他の財産では、債権者に全額弁済ができなくなることを言います。したがって、小林さんが資産家で、自宅がなくても債権者に全額弁済できる場合には、詐害信託にはなりません。この「債権者を害する」要件のことを「詐害性」の要件といいます。

そして、客観的に詐害性があることに加え、委託者（小林さん）が、信託を設定す

図43

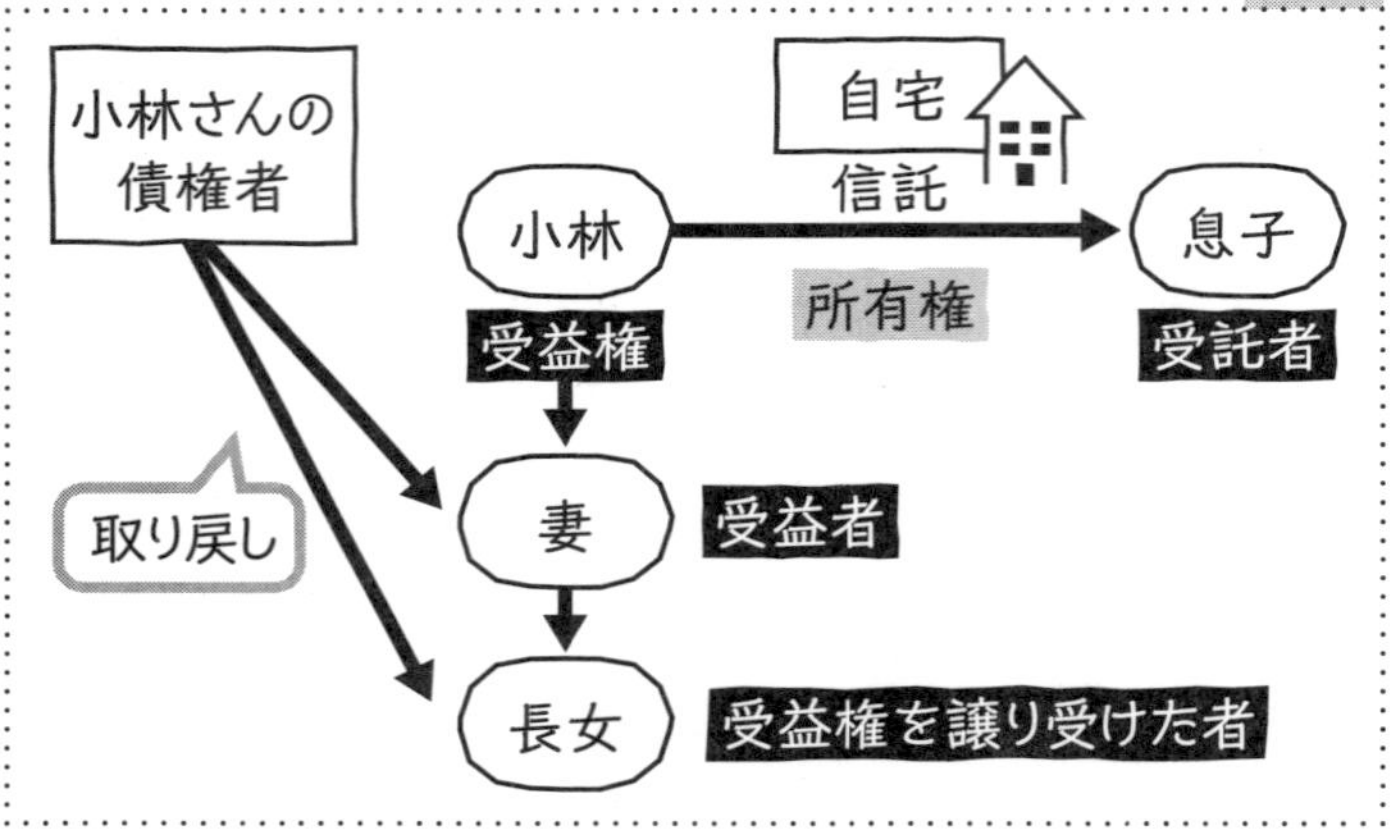

るときにおいて、詐害性があることを「知って」信託を設定したことが要件となっています。つまり、小林さんが「自分にはまだ十分に資産があるから、たとえば自宅を誰かにあげても、債権者には全額払えるよ」と思っていた場合には、詐害信託にはならない、ということです。

②受益者または受益権を取得した者が、受益者としての指定を受けたことを知ったとき、または受益権を譲り受けたときに、債権者を害することを知っていたこと

つまり、受益権を取得した者（小林さんの妻）が、受益権を譲り受けたときに詐害性があることを知らないときには、詐害信託にはならないということです。また、長女も妻から受益権を譲り受けるときに、詐害性を知らないときは、詐害信託とはならないということです。善意の第三者を保護する趣旨ですね。

③受益者の指定または受益権の譲渡にあたっては、②の適用を不当に免れる目的で、詐害性の事情を知らない者を「無償」で受益者に指定し、または無償で受益権を譲渡すること。わずかばかりの有償は「無償」と同視される

つまり、詐害信託にならないようにするために、わざと事情を知らない長女に「無償」で受益権を譲渡するような場合は、詐害信託になりますよ、ということです。

以上が詐害信託になってしまう場合です。

では、どうすれば、詐害信託にならないようにできるのでしょうか。

まず、**もっとも大切なことは、「事業が正常なうちに信託を設定しておく」ということです**。銀行への弁済が順調に進み、事業も順調に稼働している間は、社長としては、会社の収益によって借金を全額返済しようとしているでしょう。そのような場合には、「債権者を害することを知って」とはならないはずです。したがって、会社が傾きかけてからではなく、事業が順調なうちに、自分の資産を守る方策を考えること

図44

詐害信託にならないために

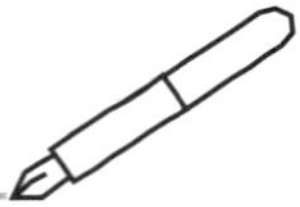

① 債務超過になる前に信託をする

② 善意かつ有償で受益権を譲渡する

が必要となるのです。

もう一つは、「有償」で譲渡する、ということです。たとえ「債権者を害する」ような信託で、委託者に詐害の意思があったとしても、受益権を取得する者が詐害性について善意、かつ有償により受益権を取得した場合には詐害信託にはなりません。この場合は、善意の受益者を守る要請が強いためです【図44】。

遺言書の書き直しを防止する

民法では、遺産分割や相続放棄等は、本人（被相続人）が死亡した後でなければできないことになっています。

弁護士をしていると、「生前に、財産をどうやってわけるかをみんなで決めておきたい」とか、「生前に相続放棄をさせておきたい」というような相談があります。

しかし、どちらもできません。もちろん遺言書を書いておけば、そのとおりになりますが、遺留分がありますので、紛争をなくすことはできません。

また、資産を持っている方が高齢となり、先が短くなってくると、その高齢者の身柄の取り合いになることがあります。後の相続のことを思って、自分にできるだけ多く財産を残してくれるように遺言書を書いてもらおうとして、高齢者の身柄を確保して世話をしようとするのです。これは、本当にある話です。

実際、自分の最後に面倒を見てくれた人には情がわきますので、遺言書を書き換えてしまうこともありますし、身柄を押さえていることもあって、なかば強引に遺言書を書き換えさせてしまうこともあります。高齢者としては、面倒を見てもらっている手前、なかなか断りづらいようです。

このような親族間の悲しい争いをなくすことも、信託を使えばできます。

具体的には、家族みんなで集まって、被相続人が死んだ後、財産をどうやって分けるかを話し合います（生前の遺産分割協議）。そして、被相続人の希望を最大限尊重した内容で信託を設定します。**つまり、被相続人の財産を信託し、受益権を被相続人が持った上で、自分が死ぬまでは自分に利益が帰属するようにし、自分が死んだときに、生前取り決めた配分によってそれぞれ残された家族に受益権が移転するようにすればよいのです。**

こうすれば実質的には遺言書を書いたのと同じ結果になります。それに遺言書と違って、「取り消せない」内容にしておけば、後でその信託を取り消そうとしてもできません。それでは後で不都合が生じたときに困る、ということであれば、信託の内容で、「被相続人と推定相続人全員の合意があれば変更できる」とか、「推定相続人の過半数の合意があれば変更できる」とかにしておけばよいと思います。

これによって家族間の無用な争いを未然に防止することができるでしょう。

信託の税金は誰に課税されるか？

このように便利な信託制度ですが、税金はどうなっているでしょうか？　税金もトクであれば言うことなしですが、それほど甘くはありません。

法人税法上、**信託税制は、①受益者等課税信託、②集団投資信託、③法人課税信託、④退職年金等信託、⑤特定公益信託等の5つに区分されています。**

このうち、①の受益者等課税信託が原則となり、②ないし⑤は、例外的な取り扱いです。そこで、本書では、原則的な取り扱いである受益者等課税信託について解説します。

受益者等課税信託とは、②ないし⑤以外の信託です。信託は、委託者が信託財産を受託者に託し、その利益を受益者が受け取るものです。そこで、**法人税法および所得税法では、信託財産に属する資産および負債は利益を受ける受益者が有するものとし、信託財産から発生する収益および費用は受益者の収益及び費用とみなす**、という取り扱いをしています。消費税法においても同様の考え方です。

法人税や所得税は、事業を行ったり、財産を移転したりして所得を得た者に対して課税されます。信託の場合は、誰が所得を得るでしょうか。

信託は、委託者が財産を受託者に託します。しかし、この時点で受託者は所得を得ているわけではありません。なぜなら、受託者は利益を得るべき受益者のために財産を管理運用処分する任務を負っているだけだからです。つまり、信託において、利益を得、所得を得るのは、受益者ということになります。そうであれば、法人税や所得税も当然に受益者が得るべき所得に対して課税すべきことになります。そこで、法人税法および所得税法では、**信託財産に属する資産および負債は利益を受ける受益者が有するものとし、信託財産から発生する収益および費用は受益者の収益及び費用とみなす**、という取り扱いをしているのです。

受益者等課税信託の基本形における、信託設定時の法人税等の課税関係について、図を用いて解説します。

(1) 委託者が信託財産を受託者に託すが、そこから生ずる利益は委託者が受け取る場合

これは、本書の例で言えば、前田社長が委託者となり、自分の財産である収益マンションを長男（受託者）に信託し、その賃料収入から管理運営費用を除いた利益を前田社長が受け取る（受益者）というような場合です。前田社長が自分の財産を信託するけれども、利益も自分で受け取る、というパターンです。普通に不動産の管理委託契約もできますし、信託によって行うこともできます。

図45

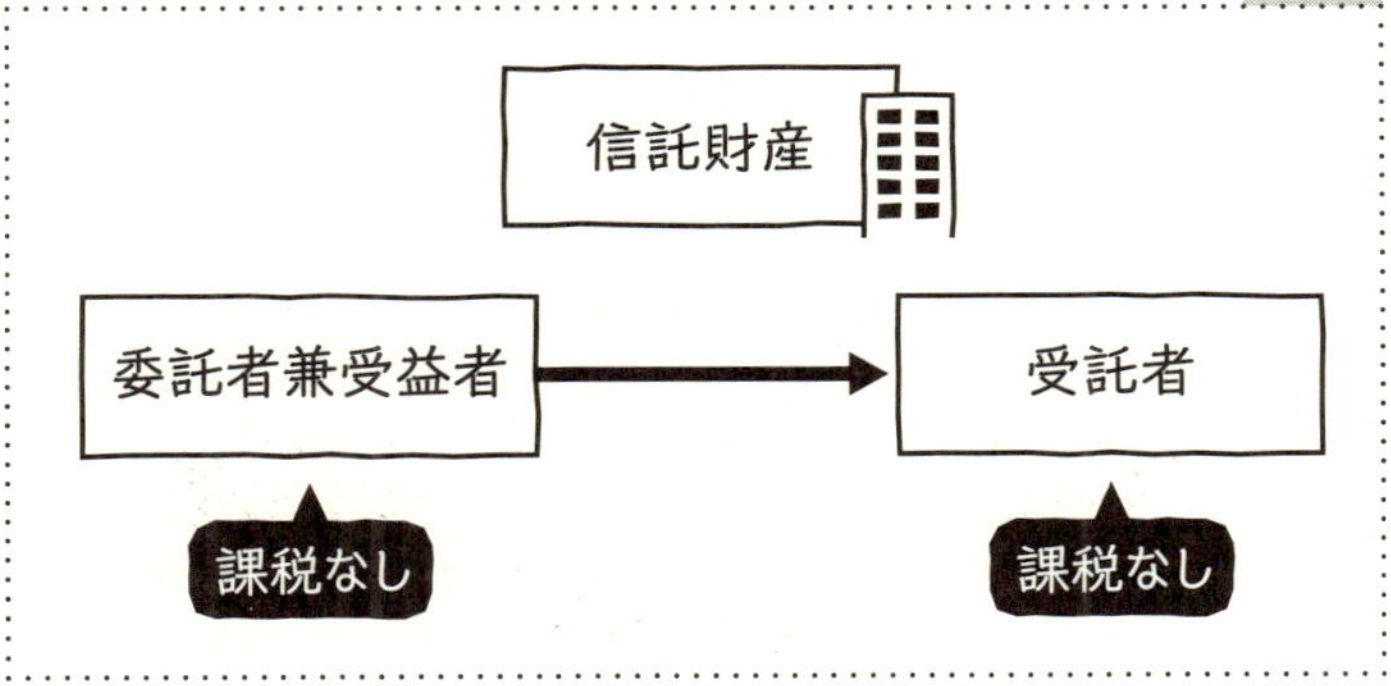

この場合には、収益及び費用は受益者の収益及び費用とみなされますので、前田社長が収益を得て、その中から前田社長の費用として支出される、ということになります。マンションの所有権は「信託」を原因として長男に移転し、賃料は長男の名義の口座に入ってくるのですが、その入金は受託者に課税されず、受益者である前田社長のものとして認識される、ということです。

所有権が移転しても、実質的な利益を受ける権利は前田社長に残っているので、資産が移転する場合の所得税もかかりませんし、賃料収入について受託者である長男には課税されない、ということです【図45】。

（2）委託者である個人が個人に対し、受益権を付

図46

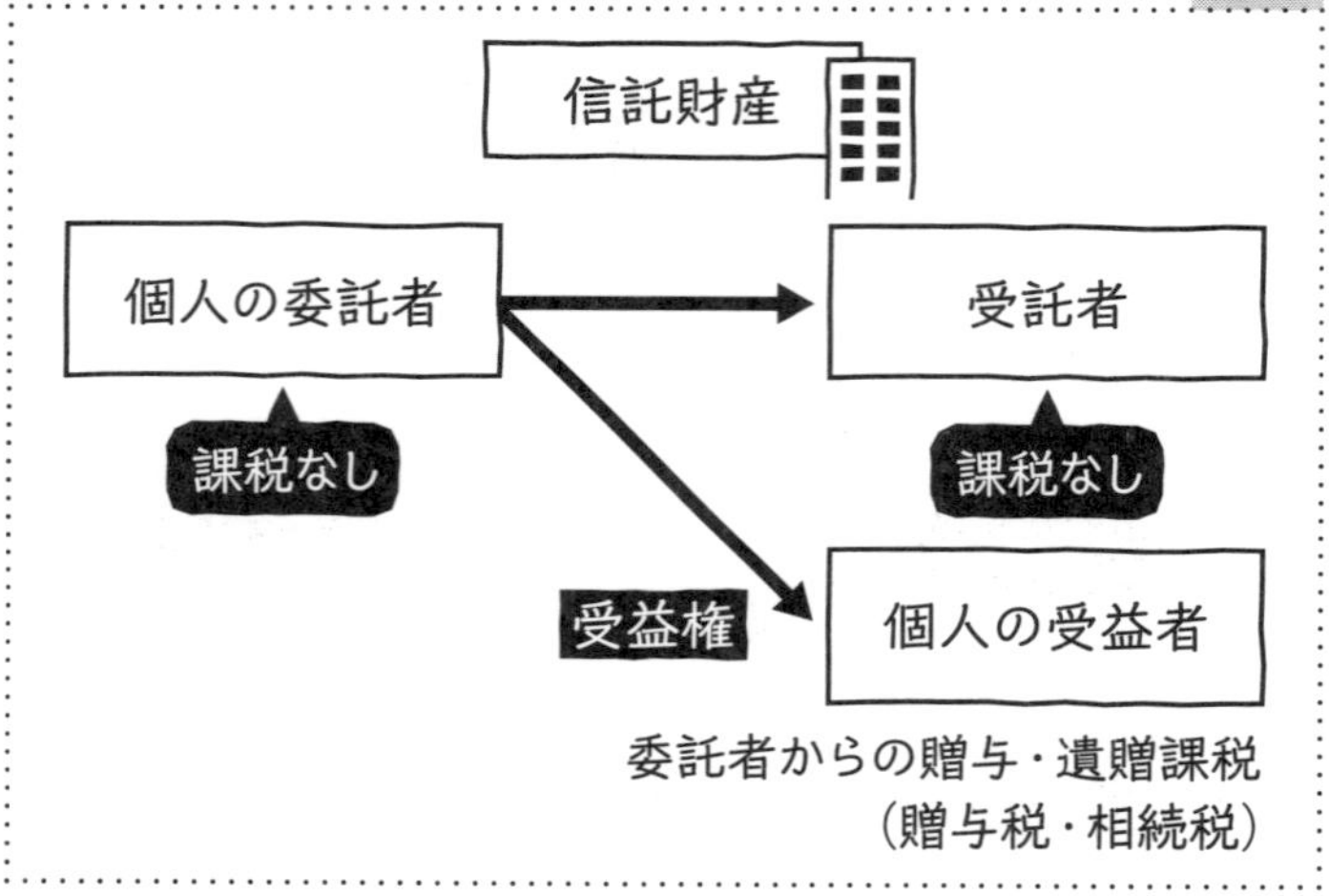

与する場合

これは、たとえば前田社長が委託者となり、自分の財産である収益マンションを受託者である長男に信託し、その収益を受け取る権利（受益権）を妻に付与するような場合です。

この場合には、信託財産に属する資産及び負債は受益者が有するものとみなされますので、収益マンションが妻に贈与ないし遺贈されたものとみなされます。ここで贈与税ないし相続税がかかります。そして、その後、収益マンションから生ずる収益及び費用は、受益者である妻に発生したものとして所得税が課税されることになります。先ほどの例と同じよう

図47

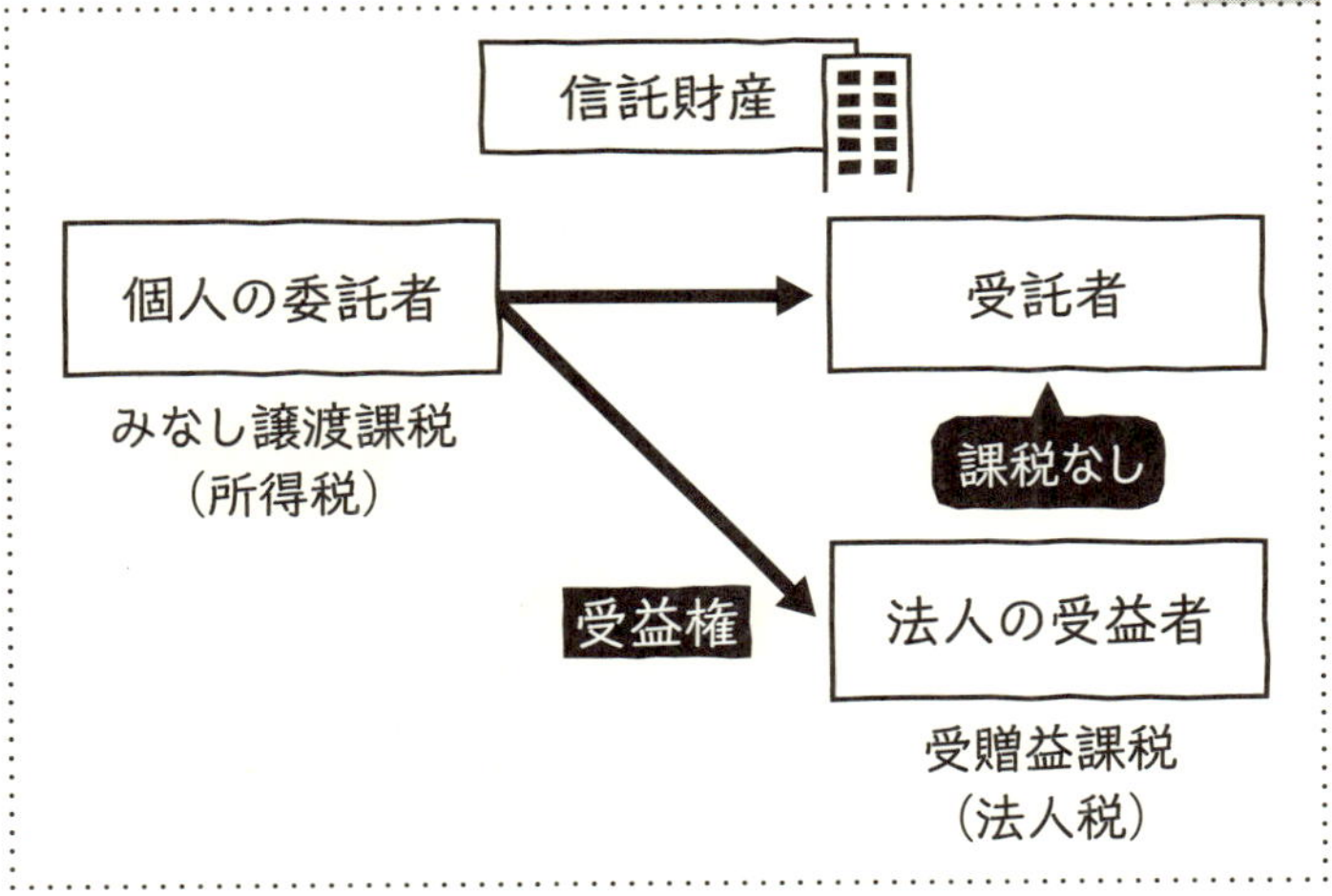

に、受託者である長男に課税はありません【図46】。

（3）委託者である個人が法人に対し、受益権を付与する場合

これは、たとえば前田社長が委託者となり、自分の財産である収益マンションを受託者である長男に託し、その収益を受け取る権利である受益権を前田金属工業株式会社に付与するような場合です。

この場合、信託財産に属する資産及び負債は受益者が有するものとみなされますので、受益権を前田金属工業に付与した時点で、収益マンションの価値相当額が前田社長から前田金属工業に移転したことになります。したがって、前田社長には所得税法上のみなし譲渡課税が発生し、前田金属工業には、法人税法上の受贈益課税が発生することになります。やはり、受託者である長男には課税が発生しません【図47】。

（4）委託者である法人が個人に対し、受益権を付与する場合

これは、たとえば前田金属工業株式会社が委託者となり、その所有する工場の土地建物を受託者である前田社長に信託し、前田金属工業株式会社は前田社長から工場の土地建物を賃借することとし、信託財産である工場の土地建物から生ずる賃料を受け取る受益権を長男に付与するような場合です。

この場合、信託財産に属する資産及び負債は受益者が有するものとみなされますので、工場の土地建物の価値相当分が、前田金属工業から長男に移転したとみなされます。そこで、前田金属工業には法人税法上の寄付金課税ないし役員賞与課税が、長男には所得税法上の一時所得課税ないし給与所得課税が発生します。工場の土地建物の所有権は、「信託」を原因として前田社長に移転しますが、前田社長には課税は発生しません【図48】。

図48

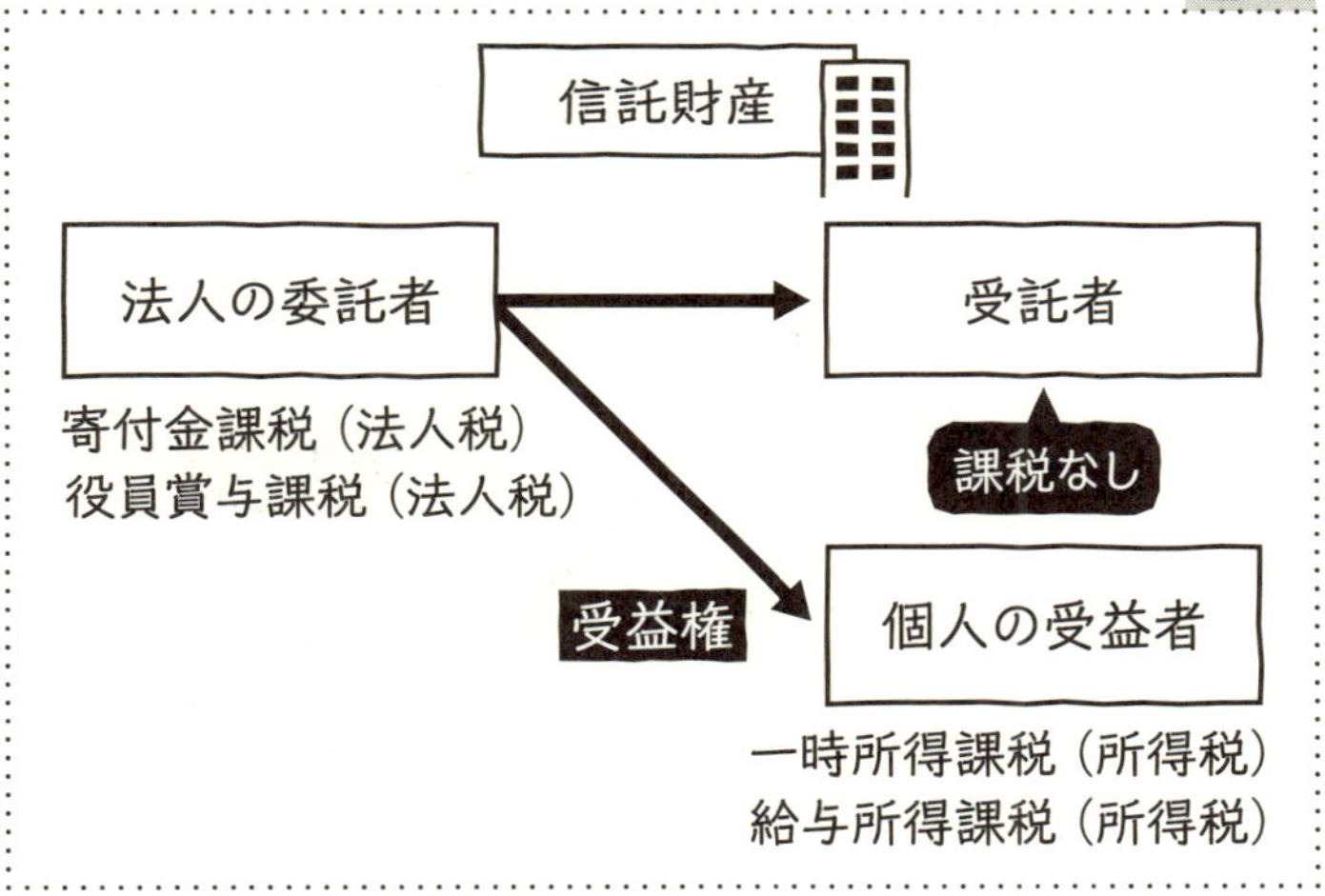

（5）委託者である法人が、法人に対し、受益権を付与する場合

これは、たとえば前田金属工業株式会社が委託者となり、その所有する工場の土地建物を前田社長に信託し、前田社長から前田金属工業株式会社が賃借することとし、その賃料を受け取るべき受益権を、前田社長の資産管理会社である前田財産株式会社に付与する、というような場合です。

この場合、信託財産に属する資産及び負債は受益者が有するものとみなされますので、工場の土地建物の価値相当分が、前田金属工業から前田財産株式会社に移

図 49

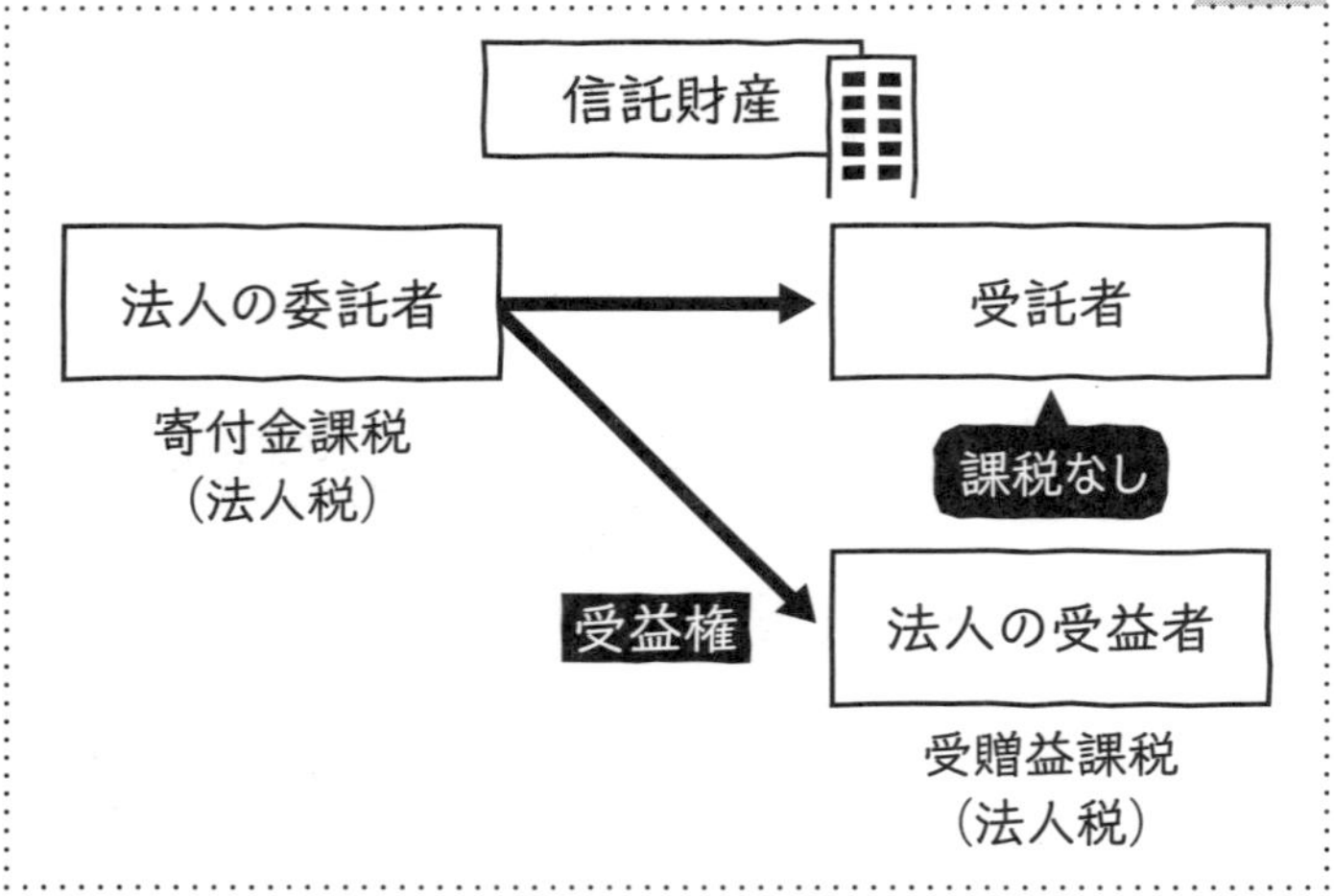

転したものとみなされます。

したがって、前田金属工業には法人税法上の寄付金課税が発生し、前田財産には法人税法上の受贈益課税が発生します。前田社長には課税は発生しません【図49】。

なお、信託期間中については、前述のように、発生した収益および費用は、受益者の収益および費用とみなして法人税、所得税が課税されます。

信託スキーム組成で課税関係を整理しておかないと……

これまで、信託における基本的な課税関係を説明しました。多くの場合には、この課税関係で処理されることになります。しかし、課税関係については、その例外的場合を含め、よく整理しておかないと想定外の課税が発生する場合があります。

たとえば、信託設定時に受益者等が存在しない場合や信託設定後に受益者等が存在しなくなった場合には、受益者等がいないので、受益者に課税が発生する前述の課税関係では不都合が生じてしまいます。そのため、このような場合には、受託者を法人とみなして受託者段階で法人税が課税されます。

具体例で説明します。前田社長は、孫にも財産を残したいと考えていましたが、子供たちはまだ子供を産んでいませんでした。そこで、前田社長は財産の一部を長男に信託しておいて、前田社長が死亡したときに、その受益権を発生させて孫に受益権を付与する、という信託スキームを考えたとします。

そのとき、どのように課税されるかということですが、信託設定段階で受益者等がいないので、課税上は信託設定時において、前田社長から長男に対し、信託財産が移転したものとみなされます。そうすると、信託設定時において、前田社長は長男（法人とみなされる）に信託財産を時価で譲渡したものとみなされ、譲渡所得税が課税されます。受託者である長男は、信託設定時に前田社長から信託財産を贈与されたことになるので、受贈益課税が発生します。受益者である孫は、その時点で受益権を取得していないので、課税関係は発生しません。

この場合、信託設定時において、前田社長が委託者兼受益者となり、前田社長が死亡したときに、孫に受益権が移転するように信託スキームを組成しておけば、信託設定時に法人税が課税されず、前田社長死亡時に課税関係が発生します。しかし、このような信託スキームを組成した場合でも、孫がまだ生まれる前に受益者である前田社長が死亡した場合には、やはり受益者等が存しないこととなり、その時点で信託財産を長男（法人）に贈与したものとみなされ、前田社長に譲渡所得税、長男に受贈益課税（法人税法、相続税法）が発生しますから注意が必要です。

このように、**信託を使って相続対策を行う場合には、「誰に権利を与えるか」はもちろんですが、あらゆる場合を想定して、「税金がどうなるのか」についても検討し**

ておく必要があることを憶えておきましょう。

あとがき

家族みんなを幸せに

本書では、主に相続に関する争いを回避する方法を説明してきました。しかし、相続に関して留意することは、争いを回避することばかりではありません。むしろ、多くの人たちの関心は、「相続税」ということになるでしょう。相続税対策もとても重要なことです。

相続税対策というと、

①相続財産を減らす
②相続税評価額を下げる
③税法上の特例を受けられるようにする

の三つとなります。

このうち、相続税評価額を下げるために、財産を不動産にシフトする方が多いと思います。**相続財産に不動産が増えてくると、それに応じて紛争も増加することになりますから、その紛争回避対策が必要となってきます。そこで本書で説明した信託制度などを活用して欲しいのです。**

節税対策をして、残された家族により多くの資産を残すとともに、残された家族が争わないように、きちんと整理をしておく必要があるのです。

あと一つ考えなければならないことは、納税資金です。相続税は、相続財産の相続税評価額に応じて課税されるわけですが、節税対策によって相続財産に不動産が増えてくると、現金が少なくなってきます。場合によっては、相続財産中の現金だけでは相続税を支払いきれない、という事態も生じる場合があります。そうなると、相続人は、自分の財産の中から現金で納税するか、あるいは相続財産である不動産を売却して納税しなければなりません。納税は、原則として現金でしなければならないからです。

やはり、そのような事態は回避したいところです。したがって、節税対策をする際は、きちんと相続税額のシミュレーションをして、納税資金を確保し、その上で節税対策を行うことが大切です。

「信託」については、法律専門家でも、なかなか理解が難しいところです。法律の素人であれば、余計難しいと思います。

そこで、**「信託」に興味がある方のために、「信託」を解説した無料動画を公開することにしました。**よろしければ、視聴してみてください。ただし、この動画は、いつ閉鎖するかわかりませんので、お早めに視聴してください。

資産を持っている人は、残された家族のために、なるべく多くの資産を残し、家族の争いを回避し、納税ができるように手配しておく責任があります。

本書で説明した方法を活用して、ぜひ、家族みんなが幸せになれる相続を実現していただけたら幸甚です。

谷原　誠

◆「信託」を解説した無料動画

http://bengoshi-sos.com/souzoku/

装丁・本文デザイン・図版／大関直美

谷原　誠（たにはら まこと）

みらい総合法律事務所代表パートナー。弁護士・税理士。1968年愛知県生まれ。明治大学法学部卒業。1996年東京弁護士会登録。相続、企業法務、不動産、交通事故などの案件を主に担当する。現在、東京都千代田区にある「みらい総合法律事務所」代表パートナー。「報道ステーション」「ひるおび」等のテレビでのわかりやすい解説でも活躍。

著書に、『人を動かす質問力』（角川書店）、『弁護士の論理的な会話術』（あさ出版）、『思いどおりに他人を動かす交渉・説得の技術』（同文館出版）など共著を含め30冊以上ある。

みらい総合法律事務所への相続や信託に関するご相談、講演等のご依頼は、こちらから。

電話　03-5226-7355／soudan@bengoshi-sos.com
ブログ　http://taniharamakoto.com

遺言と贈与はまだするな！

「信託」で自分の死後三〇年間財産を支配し続ける方法

2015年9月28日　初版第1刷発行

著　者：谷原　誠
発行者：藤本敏雄
発行所：有限会社万来舎
〒102-0072　東京都千代田区飯田橋2-1-4
九段セントラルビル803
電話　03(5212)4455
Email　letters@banraisha.co.jp

印刷所：日本ハイコム株式会社

ISBN978-4-901221-93-1